1.99

Llyfrau Llafar Gwlad

'Fyl'na weden i'

Blas ar dafodiaith canol Ceredigion

Huw Evans a Marian Davies

Llyfrau Llafar Gwlad

Golygydd Llyfrau Llafar Gwlad:
John Owen Huws

Argraffiad cyntaf: Gorffennaf 2000

ⓗ *Huw Evans a Marian Davies/Gwasg Carreg Gwalch*

Rhif Llyfr Safonol Rhyngwladol:
0-86381-630-4

Cynllun clawr: Sian Parri

Argraffwyd a chyhoeddwyd gan Wasg Carreg Gwalch,
12 Iard yr Orsaf, Llanrwst, Dyffryn Conwy, LL26 0EH.
☎ 01492 642031
🖷 01492 641502
✆ llyfrau@carreg-gwalch.co.uk
lle ar y we: www.carreg-gwalch.co.uk

Gwell tafodiaith bert
na bratiaith gyfleus.

Cynnwys

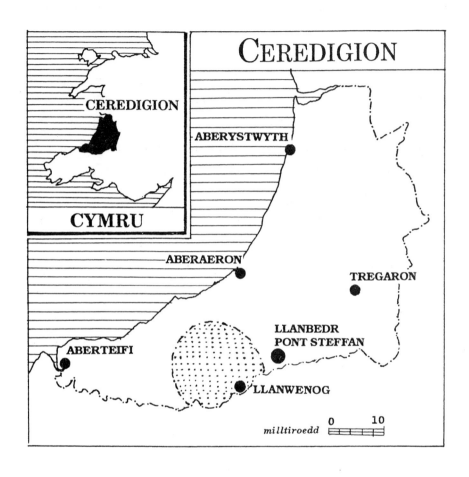

Agor grwn – Cyflwyniad

Nid ysmotiau ar ddalennau
Geiriaduron ydyw iaith
Ac nid rhyw ysgerbwd noethlym
O'r gorffennol maith.

Gyda gwirionedd geiriau B.T. Hopkin yn procio'r gydwybod, aethom ati i ystyried iaith ein bro, sef y rhan honno o 'Geredigiawn deg' sy'n ymestyn fwy neu lai dros rannau o blwyfi Dihewyd, Llanarth, Llanfihangel Ystrad a Llandysiliogogo, ond yn bennaf, Llanwnnen, Llandysul a Llanwenog.

Mae i bob iaith, mae'n siwr, ei swyn a'i chyfaredd, ac er gwaethaf gorlif estron y degawdau diwethaf mae calon Cymreictod y cwmwd hwn yn dal i guro. Gellir honni, i raddau beth bynnag, fod naws y wlad wedi goroesi, ac er yr amrywiaeth yn y boblogaeth, mae llawer o'r nodweddion a gysylltir â chymeriad y Cymro yn dal eu tir o hyd. Y pennaf o'r rhain yw'r ddawn i synhwyro rhythm ymadrodd a brawddeg, a chlust i werthfawrogi'r dweud pert.

Mae gwreiddioldeb a dawn dweud y Cardi'n ddiarhebol. Sonia D. Emrys Rees yn ei glasur o bortreadau, 'Cymdogion', am ryw gymeriad adeg y rhyfel (1939-45) wedi ei wisgo yn holl drimins siwt yr *Home Guard* yn edrych arno'i hun a chyhoeddi ''ma beth yw tacls march â chalon byswynog!'

Yn ddiweddar, dywedodd rhywun o'r ardal hon fod un o fuchod ei gymydog, a oedd yn ôl ei golwg wedi bod braidd yn brin o borfa, 'â'i hasgwrn cefen fel lleuad newy''. Prin yw'r enghreifftiau o ymadroddion cyffelyb bellach, ac nid yw'r ddawn o ddefnyddio geiriau cyffredin i ddweud pethau anghyffredin mor loyw ag yr oedd yn y dyddiau pan oedd min ar y bladur a'r dweud.

Er hyn, mae'r Gymraeg yn fyw ac yn ystwyth yng nghanol Ceredigion, a gorchwyl amhosib fyddai llunio casgliad cyflawn o ddywediadau'r ardal. Gallasai'r ydlan hon fod yn llawnach hefyd – o roi rhagor o amser i gasglu'r sgubau, i wrando ar berlau o ymadroddion ac i gofnodi. Yn wir, ffrwyth gwrando, yn hytrach na darllen ac astudio, yw'r casgliad hwn yn bennaf, a gwrando yn aml heb fentro torri ar draws ffrwd lifeiriol y dweud i holi am ystyr a tharddiad. Bu pori drwy weithiau Jacob Davies, Cledlyn, Donald Evans ac Eirwyn Pontshân yn bleser pur, ond y boddhad mwyaf oedd croniclo'r gwreiddioldeb dweud a glywir o ddydd i ddydd.

Mae tafodiaith yn gallu bod yn bert, yn wreiddiol, yn ogleisiol, ac yn dipyn o gawdel ar brydiau, ond yn ddieithriad bron yn rhoi lliw i'r sgwrs ac yn gwneud yr ymgom yn fyw a chofiadwy.

Yn eich seiniau y mae cyfoeth
O anrhydedd a mawrhad
Pêr fu miwsig eich idiomau
Ar wefusau'r wlad.

Gobeithio y bydd huodledd yr ydlan hon yn ysgogiad i bawb werthfawrogi'r perlau ymadrodd o'r newydd. Braint yw cyflwyno i'ch sylw ddetholiad o'r dywediadau ac ymadroddion a ddefnyddia pobl canol Ceredigion i fanylu a chyfoethogi eu mynegiant.

Ma'r rhod yn troi

Egyr R. Williams Parry ei soned 'Amser' gyda'r llinell 'Hon ydyw'r afon ond nid hwn yw'r dŵr'. Mae'r un yn wir yng nghyswllt iaith ac mae treigl amser wedi erydu'r geulan. Er i'r Gymraeg golli tir ers dechrau'r ugeinfed ganrif a'i bod yn dal mewn sefyllfa argyfyngus, ymddengys bod gwytnwch a goroesi yn nhrochion ei lli.

Cyfeiriodd y diweddar D.J. Morgan at sir Aberteifi fel sir y tair C, y cob, y corgi a'r Cardi ac mae nodweddion unigryw y tri hyn o hyd yn cyniwair. Gellid honni bod tair C yn tra-arglwyddiaethu ar natur iaith hefyd – cefndir, cyfnod a chydnabod ac mae'r rhod, fel erioed, yn dal i droi.

Ofer rhamantu am gyfnod pan na lygrid cymalau'r iaith gan estroniaith, ond ar ddechrau'r ugeinfed ganrif – pan oedd y bywyd gwledig, amaethyddol ar ei orau yng Ngheredigion – un o'r rhesymau pennaf am ei phurdeb oedd y ffaith syml na fedrai llu o'r trigolion unrhyw iaith arall. Dyma'r cyfnod pan ddeilliai idiomau ac ymadroddion o'r ffordd wledig a chymdogol o gyd-fyw, gan lithro'n ddilyffethair o un genhedlaeth i'r llall. Dyma gyfnod iaith y pridd, yr iaith sy'n pefrio drwy gerddi Bois y Cilie ac sy'n rhywiog-gadarn ym mhortreadau D. Emrys Rees a storïau D.J. Williams.

Yn ddiau, yr oedd iaith lafar ac ysgrifenedig y Cymry Cymraeg yn gyfoethocach pan ddylanwadai geirfa gyforiog a glendid dweud y Beibl ar eu byd, a phan lywiai'r cefndir ysgrythurol yr ieithwedd. Bellach, ni welir neb, bron, yn darllen y Beibl gartref, ac o ganlyniad dirywiodd yr iaith. Yn cydoesi â'r newid hwn datblygodd iaith newydd yn seiliedig ar eirfa gyfarwydd y teledu, rhaglenni Eingl-Americanaidd, ffilmiau ac ati, iaith y gellid ei galw'n fratiaith, ran fynychaf, yn gymysgedd o eiriau Saesneg wedi eu Cymreigio drwy roi 'o' yn gynffon i'r term. Daeth geiriau megis *jwmpo, deseido, canslo, printo, enjoyo* ac *iwso* yn rhan annatod o'n hiaith, a'r tristwch yw na ŵyr y to ifanc yn well erbyn heddiw. Y *norm* yw defnyddio cawl eildwym o iaith sathredig, lygredig.

Arfer wrthun arall yw tanseilio gwerth rhai geiriau sydd gennym eisoes, geiriau sy'n ddigon hawdd i'w defnyddio ond bod rhyw gyfieithydd neu gyfryngi'n rhywle yn credu bod eisiau termau sy'n swnio'n fwy 'modern', yn fwy apelgar i'r oes. Pam mae'n rhaid defnyddio 'talent' yn lle 'dawn', 'lefel' yn lle 'gwastad', 'targed' yn lle 'nod' a 'sgil', 'teip' a 'polareiddio' pan fo 'medr', 'math' a 'phegynu' ar gael? Sylwch mai geiriau Saesneg yw'r geiriau 'modern' hyn oll yn wreiddiol ond eu bod wedi eu sillafu'n Gymreigaidd i daflu llwch i'n llygaid – agwedd negyddol (neu negatif!) iawn. I dynnu blewyn arall o drwyn pobl y cyfryngau, onid oes rhywbeth yn chwithig mewn clywed 'un deg tri llo' yn lle 'tri llo ar ddeg' neu gyfieithu dieneiniad un newyddiadurwr a ddisgrifiodd *a slightly built man* fel 'dyn wedi ei adeiladu'n denau'!

Gellid dadlau hefyd fod rhai ysgolheigion wedi mynd braidd dros ben llestri wrth fathu enwau newydd, afrosgo sy'n swnio'n glogyrnaidd mewn brawddegau. Efallai eu bod yn iawn yng nghoridorau academia, ond yn bendant, ni orweddant yn esmwyth ar dafod leferydd y gwladwr o Gardi. Disgyn ar dir caregog gan fwyaf yw eu hanes yn y parthau hyn, yn enwedig ymhlith y trigolion mwy priddlyd eu deall nad ydynt yn ymwneud â byd addysg neu'r dechnoleg fodern. Ar y llaw arall, ni ellir gorganmol gweledigaeth a meistrolaeth lwyr y diweddar Llywelyn Phillips, Pwllpeiran wrth fathu enwau ystyrlon fel 'llain-bori' ym myd amaethyddiaeth, a'r diweddar Eic Davies sydd â'i 'fewnwr', 'maswr', 'ffin gwsg' a 'gôl adlam' wedi camu'n hyderus i'r stadiwm a'r milflwyddiant newydd.

Daliodd iaith wladaidd ein sir yn lled dda ar y cyfan, eto ceir gwahaniaethau rhwng ardaloedd oddi mewn iddi. Bellach, nid yw'r ysgolion yn rhoi arlwy o dafodiaith i'r plant gan fod cymaint o bwyslais ar Gymraeg Cywir, Cymraeg llyfr. Yn sgîl hyn, mae tafodiaith plant yn dirywio, ac os mai hyn fydd y patrwm yn y dyfodol, gellir dweud yn weddol sicr y bydd hyd yn oed y *wes* a'r *wedd* (Aberteifi), *odd* (Llambed) ac *oedd* (Aberystwyth) yn diflannu maes o law.

Gall y sawl sy'n gwrando'n astud sylwi ar newidiadau ieithyddol a ddigwyddodd o fewn Mudiad y Ffermwyr Ifanc yng Ngheredigion dros chwarter olaf yr ugeinfed ganrif. Prin yw'r dylanwad tafodieithol ar aelodau'r mudiad erbyn hyn, ond clywir peth o'r eirfa a drafodir yn y llyfryn hwn gan aelodau clybiau Llanwenog, Pont-siân, Mydroilyn a Dihewyd, rhan fynychaf gan y rhai llai academaidd eu cefndir. Mae dyn yn synhwyro bod y rhai sy'n meddu'r ychydig dafodiaith a glywir yn perthyn i deuluoedd sydd yma ers sawl cenhedlaeth. Ysywaeth, unigolion prin ydynt bellach. Afraid dweud mai'r rhesymau am hyn yw mewnfudo, dylanwad addysg, a'r cyfryngau yn gwthio unffurfiaeth wag y diwylliant torfol Seisnig i lawr ein corn gyddfau. Prinhau a wnaeth y gwreiddioldeb a'r dweud pert.

Pwrpas sefydlu'r papurau bro yn nechrau'r 1970au oedd i ddiogelu'r iaith, hynny yw, i wasanaethu'r gymuned leol trwy adrodd hynt a helynt y bröydd drwy gyfrwng y Gymraeg. Eto i gyd, nid ydynt yn cofleidio'r cyfle euraidd sydd ar gael i hyrwyddo tafodiaith. Yn bendant, byddai colofnau ac erthyglau'n sôn am arferion a dywediadau bro yn cyfoethogi'r darllen.

Dywed Erwyd Howells yn ei gyfrol *Dim ond Pen Gair*: 'Mae llawer o beth a alwaf yn "Gymraeg trefol" yn cael ei siarad gan bobl heddiw. Er ei fod, efallai, yn gywir mae'n ddi-idiom ac yn taro'n galed ar y glust.' Mor wahanol oedd cystrawen Dafydd Jones, Ffair-rhos wrth sôn am gân y nentydd yn ei bryddest odidog i'r 'Arloeswr':

Dirymwyd traw ein tonau
Gan rwystrau'r daith a'i phwys
A ninnau'n rhathu bonau
Y coed, mewn dicter dwys –
Am golli ohonom ddiddig ddawn
Cynteddau gwyllt y myllt a'r mawn

Bellach, o'r gwastadeddau,
Wrth droelli ar grychiog hynt,
Cawn olwg ar oleddau
Ym mro'r arloeswr gynt;
Ac wylo ein hiraethgan ffrom
O erwau'r wlad, am oror lom.

Meddai D.J. Morgan yn *Pant a Bryn*, hanner canrif yn ôl bellach: 'O ble y daeth yr iaith addurnol yma i enau Dafydd Jones? Nid o'r Brifysgol. Nid yw'n ŵr o radd. Gŵr o reddf ydyw ac wedi dwli ar fro ei febyd.'

Daeth tro ar fyd. Dywedodd Saunders Lewis am Alun Cilie gynt: *'His Welsh is not a glove he puts on. It is the skin of his mind.'* Bellach mae iet clos y Cilie ar gau. Darfu caledwaith y 'gaib a'r rhaw'; nid yr un yw iaith 'coler a thei'. Ciliodd oes aur y ceffyl i ebargofiant a daeth chwyrnellu tractorau i gymryd lle y cel broc a'i hil. Aeth y sucan a'r cawl twymo yn *coca cola* a *chips*. Roedd y prifardd John Roderick Rees yn llygad ei le: 'Bellach ni thyf priod-ddulliau o'r pridd.'

Teithi'r iaith

Mae'n wybyddus bod gwahaniaethau yn yr iaith lafar o fewn Ceredigion:

yn ardal Aberystwyth – Roedd hi'n oer yn y coed ddoe
ardal Llambed – Roedd hi'n ôr yn y côd ddo
ac Aberteifi – Wedd hi'n wer yn y cwed dwe.

Wrth reswm, mae'n amhosib cyfyngu iaith o fewn cylch ar fap ond o fentro gwneud, yr ail o'r enghreifftiau uchod a ddefnyddir gan drigolion yr ardal a drafodir yn y gyfrol hon, sef canol Ceredigion. Yn fras, mae Trichrug yn rhyw fath o wahanfur rhyngom a iaith sy'n fwy gogleddol ei naws. Mae'r ffin yn fwy annelwig i'r dehau a cheir newid mwy graddol wrth groesi Banc Sion Cwilt. Nid yw'r *wer* a'r *dwe* 'ar bob min werinol' nes cyrraedd at gynteddau Aberteifi. Gellid dweud yn bendant nad ydyw tafodiaith plwyfi Llanwenog a Llandysul yn cyrraedd at ororau Ceinewydd ac Aberaeron, ond treiddia'n ysgafn i leferydd trigolion Llanybydder a'r cylch er ei bod yn cael ei glastwreiddio ychydig wrth groesi afon Teifi i sir Gâr. Fel y crybwyllwyd eisoes, nid yw tafodiaith mor ymwthgar ag y bu mewn sgwrs a chyda'r newidiadau mewn galwedigaethau a thrafnidiaeth, a dylanwadau allanol yn fwyfwy amlwg, lleihaodd y gwahaniaethau llafar rhwng ardaloedd o fewn y sir. Yn ddiau, mae'r un yn wir am Gymru benbaladr mewn oes lle'r aeth cymathu'n rhemp.

Serch hynny, ceir rhai nodweddion a berthyn i'r iaith yng nghanol y sir sydd, hyd y gwyddys, yn gyfyngedig i'r rhan honno. Un ffenomenon amlwg ym mro Gwenog yw'r arfer o newid llythrennau fel bod 'trefnu' yn troi'n 'trenfu' , 'llyfnu' yn 'llynfu' neu 'cafne' yn 'canfe'. Defnyddir *polleth* yn lle 'pothell' ac weithiau hepgorir y lythyren olaf nes aiff 'clawdd' yn *claw* ac 'angladd' yn *angla*. Yn aml, rhedir dau neu dri gair unsill yn un gair cyfansawdd megis *sdim* ('nid oes dim') ac yn fynych hefyd ceir ansoddair i ddisgrifio ansoddair arall, a chawn nifer o eiriau disgrifiadol diddorol megis *meddw gaib, diened post, dwl bared* a *stegetsh botsh*.

Wrth astudio casgliad Erwyd Howells, gwelir bod y dywediadau sy'n ymwneud â ffermio yn ardaloedd Ponterwyd a Phontarfynach yn debyg ar adegau i'r termau a ddefnyddir yng nghanol ac yng ngodrau'r sir. Gellid dod i'r casgliad nad oes gagendor enfawr rhwng termau'r tir o un cwmwd i'r llall o fewn Ceredigion.

Llawer mwy trawiadol yw amlder y geiriau a ystyriwyd yn unigryw i Geredigion sy'n amlwg yng ngweithiau Bois y Cilie yn ne'r sir. Defnyddia Isfoel *llipryn, trangwns, magneithlyd* a *whilibawan* er enghraifft, a thry 'pythefnos', 'chwysu' ac 'wyneb' yn *pythownos, whysu* ac *wmed*. Ac onid yw *randibw, sgyrnigo* a *shigil* yr union eiriau a ddefnyddia D. Jacob Davies o ardal Llandysul yn ei adroddiadau bwriadol dafodieithol? Sonia Alun Jones y Cilie wedyn am *hocan, picil* a *sticil*, ac mae geiriau sydd â 'sŵn' ardal Llandysul iddynt fel *sgwlcan, carcus, becso* ac *yn gwmws* yn britho *Colli'r Cwrcyn*, S.B. Jones. Mae'n ddiddorol gweld bod Fred Jones yn defnyddio *dered e* a *bwyted e* yn *Hunangofiant Gwas Ffarm*, ffordd o ddweud nas clywir gan neb yn unman ond gan ambell un o'r to hŷn ym mhlwyfi Llanwenog a Llanwnnen. Yng nghampwaith Jon Meirion Jones, *Teulu'r Cilie* ymddengys geiriau sy'n gyfarwydd i ganol y sir megis *llywannen, sgathru, corco* a *mynd yn sownd* yn hollol naturiol.

Drigain mlynedd yn ôl, dywedodd y prifardd Cledlyn yn *Hanes Plwyf Llanwenog* fod tafodiaith y plwyf yn ymdebygu fwy i eiddo pen uchaf sir Benfro nag i ogledd Ceredigion, a rhestrodd ffurfiau fel *hwthu wherthin, whalu, cered, cowir, hoil* a *lloiad* i brofi ei bwynt. Hyd yn oed heddiw, britha arlliw o bertrwydd dweud 'gwlad y wes wes' y parablu. Ystyriwch gymaint o eirfa 'Pwllderi', cerdd y prifardd Dewi Emrys, sydd ar wefusau brodorion plwyfi Llanarth, Llandysilio, Llandysul a Llanwenog – *sgwlin, teiri, taliedd, llefeleth, ffrwlyn, trâd, whiban, pwêr* a *lweth*. Maent i gyd yn dangos perthynas agos rhwng bröydd y ddau brifardd.

Roedd Cledlyn yn un o ieithwyr gorau ei gyfnod a'i Gymraeg a'i awdlau'n glasurol. Ond mwy na thebyg ei fod yntau, fel mab y go' o Gwrtnewydd, yn ymfalchïo hefyd yn iaith bob dydd ei bobl. Hir y parhao honno.

Rhoi jam ar y bara
Priod-ddulliau a dywediadau

Anodd dysgu tric i hen gi

Awgrymu nad yw rhywun hen, fel yr anifail, yn barod i newid ei ffordd a derbyn unrhyw newydd-deb. (Saesneg: *too set in his ways.*)

Anodd tynnu cast o hen geffyl

Mae'n anodd newid ffordd ac arferion dyn neu anifail. At arferion annerbyniol y cyfeirir gan amlaf.

⇐ Ar bigau'r drain

Rhywun aflonydd a nerfus.

Ar hwc 'i hunan

Rhywun hunangyflogedig.

Ar 'i godiad

Mynd i rywle, cyn gynted ag y bo'n codi yn fore bach.

Aredig ca' ar bwys yr hewl

Dywedir hyn pan fo ffermwr yn ymdrin â chae yn arbennig o ddeheuig a chrefftus gan fod y cae hwnnw yng ngolwg y cyhoedd, h.y. tipyn o *show off* er mwyn i eraill edmygu a chanmol y gwaith.

Asgwrn i bilo / i gnoi

Saesneg: *a bone to pick.*

Bara menyn pregethwr

Bara menyn wedi'i dorri'n dafelli tenau gyda thrwch o fenyn arnynt. Awgrymir bod y 'steil' yn wahanol i'r cyffredin er mwyn plesio'r ymwelydd sy'n dod i de.

Ben wedi dod heibo

Rhywbeth yn dechrau rhydu/ pydru neu wedi dod i ben, h.y. wedi cyrraedd diwedd ei oes.

Beth sy' dan y cap sy' gownto

Nid wrth ei wisg mae adnabod dyn. Gall rhywun diolwg, di-nod fod yn ben sgolor er enghraifft.

Blingo hwch â chyllell bren	Dewis ffordd anodd o wneud rhywbeth nad oes fymryn o angen ei wneud yn y lle cyntaf.
Bracso trwyddi	e.e. rhyw drwbwl – 'O mi fracses drwyddi rywffordd'.
Brawd mogi yw tagu	Yr un yw'r ddeubeth; waeth un na'r llall.
Bwrw bant	Mynd i ffwrdd. (Saesneg: *to run away.*)
Bwrw'i bwff	Dweud beth sydd ar ei feddwl a dod i'r terfyn.
Bwyd milgi, gwaith milgi	Bwyd ysgafn, gwaith ysgafn. Ni ellir disgwyl i rywun nad yw'n cael digon o fwyd i wneud llawer o waith.
Bwyd teilwr	Ystyrid nad oedd angen llawer o fwyd ar deiliwr gan nad oedd yn gwneud gwaith corfforol caled. Daw llinell Eirwyn Pontshân i'r meddwl: 'Na roddwch fwyd cloddiwr i deiliwr rhag iddo ymgryfhau a thorri'r edau!'
Bygwth papur glas	Bygwth dirwy.
Byta bwyd segur	Gall gyfeirio at ddyn neu anifail nad yw'n talu am ei le, e.e. buwch sych nad yw'n magu llo neu odro neu ddyn sy'n dewis peidio gweithio ac yn byw ar gefn gweddill y teulu.
Byti byrsto/drysu/starfo	Byti: bron â.
Byw ar gefen rhywun	Dibynnu ar rywun arall am gynhaliaeth.

Byw ar gefen whanen	Byw yn fain; tebyg i 'byw fel llygoden eglwys'.
Cachu ar y gambren	Wedi gwneud annibendod o bethau. Gall digio rhywun arwain at ddweud 'ti wedi cachu ar y gambren yng ngolwg hwnna'. (Saesneg: *to make a mess of things*.)
Cachu'r gath yn gwely cennin	Dywediad ffraeth a ddefnyddir pan fo rhyw annibendod wedi digwydd a'r holl gynlluniau wedi eu troi wyneb i waered.
Cadw'r ddisgyl yn wastad	Peidio gwneud mwy o un peth na'r llall, e.e. rhwng dau deulu. Efallai fod yr ymadrodd yn deillio o'r ffaith mai dysgl llawn dŵr a ddefnyddiai llawer o'r hen bobl fel *spirit level*.
Cael llaw galed	Cyfystyr i gael amser caled, h.y. cyfnod o waith, ofid neu ofal yn pwyso'n drwm.
Cael twlltinad	Rhywun yn cael ei ymddarostwng oherwydd i bethau fynd o chwith, a hynny yn groes i'r disgwyl.
Canu cyn brecwast, llefen cyn nos	Gair o rybudd i rywun sy'n llawen iawn yn y bore. Mwy na thebyg daw tro ar fyd, h.y. yn aml iawn mae gorchwyl yn hwylus ar y dechrau, ond bydd galanastra yn cymryd lle cyn terfynu.
Caseg eira	Cyfeirio at y ffaith fod stori'n cynyddu yn yr un modd â chaseg eira wrth rowlio i lawr gallt.
Cau drws stabal 'rôl i Dol folto	Ni ellir newid sefyllfa wedi iddi fynd yn rhy hwyr.

Cau pen y mwdwl	Dod â'r gwaith i ben; *mwdwl* yn cyfeirio at yr hen ddull o fydylu gwair.
Cawl eildwym yn ffeinach	Awgrym bod angerdd y cariad yn ddwysach ar ôl ailgydio yn y garwriaeth.
Ceiniog a dime	Rhywbeth ansafonol.
Cic cyn trigo	Yr ymdrech olaf.
Cic i'r post i'r fuwch ga'l clywed	Awgrymu rhywbeth wrth rywun yn y gobaith y bydd rhywun arall yn talu sylw.
Cico'r bwced	Marw. (Saesneg: *to kick the bucket.*)
Clonc bola claw'	Mân siarad; trin a thrafod pobl. Deillia o'r ymgom a ddigwyddai wrth eistedd ym môn y clawdd i fwyta adeg cynaeafu.
Clywed y gwcw	Nodyn gobeithiol y gwelir gwanwyn arall ymhen blwyddyn. Wrth gyfeirio at rywun sy'n wael ei iechyd dywedir 'Rwy'n ofni na glywith mohono'r gwcw'.
Codi cynnen	Agor dadl a gwneud hynny'n aml er mwyn clywed eraill yn ymgecru.
Codi 'da whip y dydd	Codi'n fore iawn, gyda thoriad gwawr.
Codi dau fys	Deillia'r arfer o gyfnod Brwydr Agincourt yn 1415 ble ystyrid mai'r Cymry oedd y milwyr bwa saeth gorau ar faes y gad. Pan gipiai'r Ffrancod y Cymry'n garcharorion, yn eu creulondeb byddent yn torri eu deufys canol i

ffwrdd fel na fedrent dynnu tant y bwa, ac o ganlyniad eu hamddifadu rhag gallu trin eu harf pennaf. Byddai'r Cymry na ddaliwyd yn codi dau fys yn watwarus ar y Ffrancod i ddangos eu bod yn dal yn medru eu herio.

Codi hen grach	Ailatgoffa rhywun o hen gynnen.
Codi pac	Mynd bant, e.e. symud ymaith i fyw.
Coleg cyrn yr arad	Dywedir bod rhywun sydd wedi gweithio ar y tir drwy ei oes, heb addysg ffurfiol, wedi cael 'coleg cyrn yr arad', h.y. ysgol brofiad yn ei waith, a dim arall.
Cwrso corynnod	Hen ddisgrifiad am ddwsto a glanhau'r tŷ, yn enwedig *spring cleaning*. Deillia o'r angen i dynnu gwe corynnod i lawr o'r corneli a'r nenfwd.
Cyfarth ar ben twll	Gwneud llawer o sŵn ynghylch rhywbeth heb ymdrechu o gwbl i ddatrys y broblem o ddifri, h.y. bygythion ihwysgfawr yn unig heb argoel o weithredu.
Cyfarth 'da'r cŵn a rhedeg 'da'r cadno	Rhywun dauwynebog sy'n ceisio plesio dwy garfan wahanol drwy ei ffalsder dweud.
Cymryd hyrfa	Camu tuag yn ôl er mwyn cael lle i fagu nerth a chyflymder i oresgyn rhwystr, e.e. dyn wrth wneud naid uchel neu greadur wrth neidio er mwyn dianc.
Cymryd llwybr tarw	Saesneg: *to take a short cut.*

Cynnig dros ysgwydd	Cynnig mewn modd anuniongyrchol gan hyderu ar yr un pryd y bydd yr ateb yn un negyddol.
Cyrraedd pentalar	Dod â gwaith i ben neu ddod i ddiwedd gyrfa neu gyfnod, neu hyd yn oed nesáu at ddiwedd oes.
Cysgu ci bwtshwr	Esgus cysgu neu beidio cymryd sylw, ond yn barod i gymryd y cyfle pan ddaw. Tardda'r dywediad o siop y cigydd lle byddai'r ci yn aml yn hanner cysgu, ond yn cadw un llygad yn gilagored rhag ofn i rywbeth blasus gwympo oddi ar y cownter!
Dachre'u byd	Cyfeiriad at bâr ifanc yn dechrau eu bywyd priodasol ac yn ymdrechu i sefydlu cartref.
Dal ei dir	Saesneg: *holding his own.*
Dala llygoden a'i byta hi	Cyfeirio'n wawdlyd at rywun nad ydyw'n ariannog gan ddweud ei fod yn mynd trwy ei arian fel y daw i'w ddwylo, h.y. byw o ddydd i ddydd. (Saesneg: *to live from hand to mouth.*)
Dala slac yn dynn	Dim ond gwneud yr hyn sydd raid.
Damo, damo, un damo ar bymtheg	Ffordd o regi gan yr hen bobl er mwyn gorbwysleisio dwyster neu ddifrifoldeb yr alanas. Roedd pethau'n ddrwg pan fyddai angen dweud 'damo' un ar bymtheg o weithiau!
Damsgen wye	Ar bigau'r drain, h.y. pryderus, disgwylgar a nerfus. e.e. 'Roedd y myfyrwyr yn damsgen wye

	drwy'r prynhawn wrth aros am eu canlyniadau.'
Dan sac	Yn llawn; hyd y fil, e.e. 'Roedd y neuadd dan sac noson y gyngerdd.'
Daw John byd ag e i'w le	Dweud am rywun sy'n ystyried ei hun yn 'fachan bras' fod treialon bywyd yn siŵr o ddod ag ef at ei goel.
Ddim tewach ei gawl	Ddim gwell ei fyd o ymwneud â hyn a'r llall. Gallai llencyn a fu'n gweithio yn y gwair ac heb fod wedi derbyn ceiniog o dâl ddweud 'fues i 'na drwy'r dydd heb fod ddim tewach 'y nghawl'.
Ddim yn dal dŵr	Rhywbeth nad ydyw'n gredadwy neu resymegol.
Ddim yn 'run ca'	Ddim yn agos cystal, h.y. byd o wahaniaeth rhyngddynt; e.e. 'dyw'r gôlgeidwad newydd ddim yn 'run ca' â'r hen un'.
Digon i dowlu	Digon am y tro; digon am nawr nes daw gwell.
Dilyn ei drwyn	Mynd yn ôl mympwy'r eiliad.
Dim ond lla'th sgim fi'n ga'l	Rhywun yn achwyn mai'r siâr wanaf o rywbeth y mae'n ei gael – rhywun arall sy'n cael yr hufen.
Diwrnod i'r mistir	Dywedir hyn ar ddiwrnod mileinig o oer pan fo'n rhaid i bawb weithio er mwyn cadw'n gynnes; mae'n rhy oer i segura!
Dod i fwcwl	Dod â'r gwaith i derfyn yn drefnus.

Dod mas o'i blisgyn	Bwrw swildod a dechrau magu hyder.
Drewi fel ffwlbart/abo	Drewllyd iawn.
Drewi'n ffein	Caiff ei ddweud mewn ffordd ffraeth am arogl ffein sebon neu bersawr, a chyda thinc bach o wawd pan fo gwraig wedi gorddefnyddio perarogl.
Drewi naw perth a chamfa	Drewi'n ofnadwy gyda'r sawr yn cario am bellter o'r fan.
Drychid drw' ffenestri glân	Awgrymu y dylai pawb ymroi i weld y gorau yn eu cyd-ddyn.
Drychid drw'r ffenest	Gweld beiau ar bobl eraill ond nid arnoch eich hun, h.y. 'gweld y brycheuyn heb sylwi ar y trawst'.
Drychid yn bert o bell	Cyfeirio at berson neu sefydliad sydd efallai'n ymddangos yn foddhaol, ond ar yr un pryd gwell peidio gwneud dim ag e'.
Dŵr ar gefen hwyad	Mae dŵr yn llifo o gefn diddos hwyaden heb ei gwlychu a'r awgrym yma yw nad yw dweud rhywbeth wrth rywun yn cael yr un effaith arno, h.y. nid yw'n dewis gwrando.
Dŵr o dan y bont	Cyfeirio at hen hanes, gan awgrymu nad oes angen ailgodi'r atgofion, e.e. 'Paid â sôn ei fod wedi troseddu pan oedd yn ifanc, dŵr o dan bont yw hynny bellach.'
Dyna'i angla' hi	Dyna'i diwedd hi; does dim gobaith bellach.

Edau rhy dynn a dyr	O ddal perthynas rhy glòs yn barhaus, gall pethau droi'n chwerw. Defnyddir yr ymadrodd wrth sôn am garwriaeth ambell waith.
Ei gwân hi	Rhoi tra'd yn tir, e.e. 'Mae'n bryd i ni ei gwân hi', h.y. symud yn fuan.
Ennill 'i fara menyn/bara caws	Ennill bywoliaeth.
Esmwyth cwsg cawl erfin	Maip yw erfin (*turnips*) a ddefnyddid yn helaeth gan y tlodion slawer dydd i'w berwi mewn cawl. Tyfent y llysiau eu hunain. Ambell waith, dygid oen o fferm gyfagos neu saethid ffesant ar dir y plas i gael enllyn gwell yn y cawl. Ond er digoni eu newyn, byddai cydwybod y tlodion yn anesmwyth a'r euogrwydd yn cadw cwsg draw. Ni fyddai gofid, ar ôl cawl erfin, gonest ei darddiad a chysgent yn esmwyth o'r herwydd.
Fe dowlwch fwy mas â llwy na dowlwch chi miwn â rhaw	Cyfeiriad at ba mor hawdd yw gwario arian ac mor anodd yw cynilo. Fe'i defnyddir gan amlaf pan fo rhywun yn gorwario a hynny'n amlwg y tu hwnt i'w modd. Os aiff rhywun yn fethdalwr, dywedir hyn i gadarnhau yr hyn a aeth o'i le.
Fel bola buwch	Yn dywyll iawn.
Fel cath o dân	Symud yn aruthrol o gyflym, (tebyg i 'mynd fel cath i gythrel').
Fel ci a hwch	Disgrifiad o ymddygiad dau sy'n cweryla'n ddiddiwedd.

Fel clwtyn coch i darw	Saesneg: *like a red rag to a bull.*
Fel clwtyn llestri	Teimlo'n wan ac yn ddi-hwyl.
Fel hwch yn byta cols	Disgrifiad o rywun sy'n bwyta'n swnllyd a barus. Mae'n tarddu o'r cyfnod pan gedwid mochyn yn y mwyafrif o dai'r pentref, a chan fod y moch hyn yn gyfyngedig i'w twlc, ni chaent borthiant garw. O ganlyniad ni fedrent dreulio'u bwyd. Arferid rhoi cols o'r grât iddynt i'w harbed rhag mynd yn rhwym.
Fel hwrdd yn niwl	Hollol ddigyfeiriad.
Fel hwyad i ddŵr	Rhywun yn cymryd at rywbeth ar unwaith am ei fod wrth fodd ei galon.
Fel llecheden	Yn gyflym iawn. (Llecheden = mellten.)
Fel Llunden diwrnod mart	Traffig garw; lle prysur. Dywedir hyn pan ddigwydd rhywbeth sy'n wahanol i'r arfer mewn pentref bach, tawel.
Fel perfedd moch	Dywedir hyn am deulu sydd â llawer o berthnasau mewn ardal. Maent yn perthyn drwyddi draw fel perfedd moch. Mae'n wir am lawer o ardaloedd gweldig Cymru.
Fel pisho mochyn yn 'r eira	Igam-ogam.
Fel pistyll mewn stên	Disgrifiad o rywun sydd allan o'i le. Gan amlaf, byddai'r person dan sylw yn dymuno defnyddio'i egni a'i ddoniau i gyflawni rhywbeth amgenach pe bai amgylchiadau'n

caniatáu'r cyfle iddo. Byddai'r dywediad yn arbennig o addas am ffermwr, dyweder, yn gorfod byw mewn tŷ cyngor yn y pentref. (Saesneg: *a square peg in a round hole* .)

Fel plufen

Ysgafn iawn; ffordd o bwysleisio ysgafnder dyn neu anifail, e.e. 'Mae'n denau druan, fel plufen o ysgafn.'

Fel rhech mewn pot jam

Rhywun di-siâp, di-werth heb fawr o syniad.

Fel tân ar 'i grôn e

Rhywbeth sy'n cythruddo rhywun yn ofnadwy ac yn barhaus.

Fel tân eithin

Rhywbeth yn ysgubo trwy'r wlad ac yn ennill calon pawb. Mae tân eithin yn llosgi'n wenfflam ar unwaith, e.e diwygiad 1904.

Fel tân shafins

Cynnu ar unwaith a diffodd ymhen dim.

Fel towrôp i ddyn

Dywedir hyn am ysgadan wrth gyfeirio at y ffaith eu bod yn magu archwaeth at fwyd.

Fory Siôn Crydd

Yfory nad ydyw byth yn dod, h.y. addewidion gwag.

Fydde fe'n byw lle ma' brain yn trugo

Dywediad i bwysleisio'r caledwch cynhenid a greddf dyn neu anifail i oroesi.

Fyl'na ma'r byd yn mynd mlân

Dywediad sy'n awgrymu'n gynnil fod yn rhaid derbyn pethau fel ag y maent, h.y. ildio i'r drefn. Fe'i dywedir gyda thinc o wawd pan ddatgelir bod merch ifanc wedi beichiogi ac yn gorfod priodi.

Gad iddo/iddi yfed cawl 'i hunan	Gall y sawl a greodd y trwbwl ddioddef y canlyniadau. Awgrym mai ei fai ef yw ei fod yn y cawdel, ac nid yw'n haeddu cael cymorth.
Gadel dim un ŵy yn y fasged	Gadael dim ar ôl. Caiff ei ddweud am rywun cybyddlyd sydd yn hawlio'r geiniog olaf. Defnyddir yr ymadrodd hefyd yng nghyswllt yr arfer o roi 'lwc' i'r prynwr wrth werthu anifail. Os na roir 'lwc' dywedir am y gwerthwr 'adwodd e ddim un ŵy'n y fasged'.
Gadel y gath mas o'r cwd	Datgelu'r gyfrinach.
Gadel y nyth	Ymadael â'r fagwrfa neu'r cartref. Dywedir bod plentyn yn gadael y nyth pan fo'n ymryddhau o linynnau ei rieni ac yn mentro o'r aelwyd lle'i magwyd i wynebu'r byd mawr.
Gall 'wyell fach gwympo côd mowr, os oes hawch ynddi	Trech metel na maint.
Gall un hwyaden drwblu dŵr y ffynnon	Golyga hyn y gall un person greu cynnwrf neu drafferth yn yr un modd ag y gall un afal pwdr ddifetha llond casgen o afalau.
Glwchu'r big	Mynd am ddiod. Pan fo rhywun yn sychedig ar ddiwrnod poeth, gall ddweud 'Ma' isie rhywbeth i lwchu'r big 'ma'.
Gobeithio byddi di byw byth a finne byw i dy gladdu di	Dywedir hyn yn y cywair cellweirus wrth ddymuno hir oes i rywun. Awgryma'r siaradwr ei fod ef am oroesi ei gyfaill hyd yn oed. Yn aml, caiff ei ddweud yn yr un modd â *Iechyd da* wrth gyd-yfed mewn tafarn.

Golau fel cannwyll gorff ar dip	Cyfeiriad at olau gwan lamp car neu feic. Cannwyll gorff oedd y ddrychiolaeth ar ffurf angladd ysbrydol yn ôl ofergoeledd.
Gormod o bwdin dagith gi	h.y. gormod o ddim nid yw'n dda.
Gwbod wrth bwy bost i rwbio	Gwybod pwy sydd angen ei seboni, e.e. 'y cynghorydd sir sydd â'r pwer i ddewis deiliaid newydd i'r tŷ, felly rwy'n gwybod wrth pa bost sydd eisiau rhwbio'.
Hala arian fel dŵr	Gorwario, h.y. y pres yn llifo o afael rhywun fel dŵr.
Hala'r dydd yn nos	Gwastraffu amser neu segura, e.e. rhywun di-waith na ŵyr beth i'w wneud â'i hun o fore hyd nos.
Hi sy'n gwisgo'r trowser	Cyfeiriad at y ffaith mai'r wraig yw'r meistr yn y cartref a bod y gŵr o dan ei rheolaeth hi. (Cymharer â 'llywodraeth y bais'.)
Hir bo abo'n ibyn	Dywediad gyda thinc athronyddol a ddefnyddir wrth sôn am rywun a fu mewn gwaeledd am flynyddoedd maith ac a ddihoenai'n raddol dros amser hir.
How 'da'r ci a hwi 'da'r sgwarnog	Dweud gyda phawb, neu gymryd y ddwy ochr.
Hyd y bôn	Hyd y gwraidd.
'Ise trôd yn 'i din i'r wythfed lasen	Angen dysgu gwers i rywun. Awgrymir hyn trwy ddweud bod eisiau cic yn y pen ôl i'r wythfed lasen – i'r pen pellaf!
Lwcus nag o's cyrne ar fuwch foel	Dywedir hyn pan fo dyn sy'n llwm ei fyd yn ymddangos yn

bwysig ac ymffrostgar. Caiff ei gymharu â buwch foel a fyddai'n fwy rhwysgfawr fyth pe bai ganddi'r adnoddau angenrheidiol.

Lwr 'i din

Wysg ei gefn, e.e. genir llo neu oen lwr 'i din ambell dro. Gall hefyd olygu rhywun sy'n cyflawni gweithred o'i anfodd am ei bod yn groes i'r graen ganddo.

Llusgo trâd

Bod yn araf yn cyflawni ryw orchwyl, o fwriad gan amlaf, pan allasai pethau ddigwydd llawer ynghynt pe dymunid.

Llygad y ffynnon

Tarddle'r stori, h.y. 'mae'r hyn glywes i yn hollol wir; fe ddaeth y stori o lygad y ffynnon'.

Ma' blas y cyw yn y cawl

Dywedir hyn pan fydd plentyn yn dangos yr un nodweddion (ffaeleddau fel arfer) â'i rieni.

Ma' byth ymhell

Pan ddywed rhywun 'ddigwyddith e byth', yr ymateb yn aml yw 'ma' byth ymhell' gan awgrymu nad oes dim yn amhosibl ymhen amser.

Ma' cluste gan gloddie

Cyngor y dylid siarad yn gyfrinachol gan ei bod yn eithaf posib fod rhywun yn gwrando.

Ma' crys yn agos ond ma' crôn yn nes

Rhyw fersiwn Gymraeg o *blood is thicker than water*, ond ei fod yn llawer mwy ffraeth a gwerinol ei naws.

Ma' diwrnod glyb yn siwr o ddod

Gall adeg o gyfyngder (ariannol) ddod ar ein traws. (Saesneg: *a rainy day.*)

Ma' dou bymtheg swllt yn well na gini

Awgrymu bod gwerthu dau o unrhyw beth am bris gweddol yn well na gwerthu un am bris mawr. Mae pymtheg swllt yn gyfwerth â 75 ceiniog a gini'n gyfwerth â 105 ceiniog. Caiff ei ddweud ym myd ffermio pan fo dafad yn esgor ar efeilliaid; dônt â mwy o gyfanswm o arian nag oen sengl, hyd yn oed os yw hwnnw'n un mawr.

Ma' dy lyged yn fwy na dy fola

Caiff ei ddweud wrth blentyn gan amlaf, pan fydd wedi codi plataid o fwyd sy'n fwy nag y medr ei fwyta.

Ma' gwâd yn dewach na dŵr ac fe ferwith ynghynt

Ma' dyn yn siŵr o amddiffyn ei berthnasau, yn enwedig os ydynt yn cael cam. (Saesneg: *blood is thicker than water*.)

Ma' gwidw a barben yn saff 'u gafel

Cyfeiriad at debygolrwydd gweddw o fachu ail ŵr a'i phenderfyniad i ddal gafael ynddo yn unol â nodweddion weiren bigog.

Ma' isie rhoi'r cel yn trasis

Mae angen addysgu rhywun naill ai i weithio, neu i fod yn foneddigaidd, neu i dderbyn gorchmynion. Mae'r gymhariaeth yn sôn am dorri ceffyl i mewn i weithio, h.y. ei roi yn y shaffts.

Ma' llathed o gownter yn well na chan cyfer o dir

Mae cynnyrch y tir yn lluosogi yn ei gwerth erbyn y daw i law'r cwmser a chymaint yn fwy yw elw'r siopwr na'r ffermwr.

Ma' mam glwtog yn well na thad cyfoethog

Awgrym mai'r fam yw eilun y plentyn mewn gwirionedd; beth bynnag fo mawredd y tad, hi sy'n golygu popeth i'r plentyn. Mae 'clwtog' yn gyfystyr â charpiog.

Ma' pris ar 'i grôn e

Dywediad am rywun sy'n cael ei ddyfyrio am ryw weithred neu am bechu.

Ma' sens o gachu'n dene
Ma' sens o yfed cawl â rhaw

Dau ddywediad gwreiddiol a ffraeth yn cyfeirio at ba mor afresymol yw gor-wneud rhywbeth, pan fo'r graddau o synnwyr cyffredin wedi mynd ar goll a'r gor-wneud wedi mynd i'r eithafion mwyaf posib!

Ma' slawer dydd cyn y slawer dydd sy' nawr

Doethineb sy'n cyfeirio at y ffaith nad yw amser yn aros; mae'r dyddiau a fu yn golygu cyfnod gwahanol i bob cenhedlaeth.

Mae wedi canu arno fe

Dyna'i diwedd hi bellach.

Mae'n bryd rhoi dŵr ar y rhod

Mae'n bryd bwrw ati a dechrau'r gwaith. Byddai'r fflodiart yn cael ei hagor er mwyn i'r dyfroedd lifo dros y rhod gan beri iddi droi, gan greu pwer i droi'r peiriannau angenrheidiol.

Mae'n ddigon ôr i rewi ffroth ar anti-ffris

Sylw ffraeth am dywydd oer iawn. Mae meddwl am *anti-freeze* yn rhewi yn anghredadwy wrth gwrs.

Mae'r nedd yn amlach na'r llau

Nedd = *nits*, llau = *lice* ac mae mwy o'r naill na'r llall ar gorff buwch. Defnyddir yr ymadrodd i ddynodi fod mwy o'r werin nag o'r 'gwŷr mawr' mewn cymdeithas. Clywir yr ymadrodd yn cael ei ddweud ar ôl etholiad ambell waith pan drechir y gwrthwynebydd gan ffefryn y mân bobl, dyweder. (Cymharer â 'Trech gwlad nag Arglwydd'.)

Man a man â Shanco

Yr un man yn gywir.

Ma'r botwm yn siwto'r brethyn

Cyffelybu dau berson mewn carwriaeth neu briodas; yn aml dywedir hyn braidd yn wawdlyd – fod un yn gweddu i'r llall.

Ma'r cadno dan y cownter

Awgrymu ar ôl i ddilynwyr yr helfa fynd i'r dafarn yn gynnar yn y dydd mai dyna oedd diben y diwrnod, h.y. mwynhau'r ddiod ac nid dal y llwynog.

Mawrth a ladd, Ebrill a fling

Dihareb a ddyfynnir yn aml pan fo gwynt y dwyrain yn difa'r borfa ym mis Ebrill ar adeg pan ddylai'r caeau fod yn glasu.

Mesen ym mola hwch

Pisho dryw bach yn y môr. (Saesneg: *a drop in the ocean*.)

Mesur pawb â ffon fesur 'i hunan

Awgrym nad yw'r sawl sy'n dilorni eraill yn edrych ar ei safonau ei hun. (Cymharer â 'na fernwch bawb â'ch safonau eich hun'.)

Mewn dŵr twym

Mewn trwbwl.

Moelyd y cart

Yn llythrennol, troi'r cart wyneb i waered gan ddymchwel y llwyth. Fe'i defnyddir yn drosiadol i ddweud bod rhywun wedi gwneud annibendod o bethau neu wedi troi gobeithion rhywun wyneb i waered.

Mor blaen â hoel ar bost

Hollol eglur; dylai pawb weld drwy'r peth.

Mor ddiddos â thwll tin hwyad	Cymhariaeth ffraeth i bwysleisio mor ddiddos yw rhywbeth.
Mor saff â'r houl yn codi	Yn hollol ddibynadwy; dywedir hyn i gadarnhau addewid neu i bwysleisio dilysrwydd hanesyn neu stori.
Mwya'r damsgen, mwya'r drewi	Po fwyaf y byddwch yn sôn am rywun neu'n ei ddilorni, mwyaf i gyd yw maint ei bechod.
Mynd ar gered	Mynd oddi cartref.
Mynd dan grôn	Mynd ar y nerfau; casbeth sy'n poeni'n barhaus.
Mynd drw'r moshwns	Rhoi'r argraff bod rhyw orchwyl yn cael ei chyflawni heb angen mewn gwirionedd am fod y canlyniad terfynol yn amlwg beth bynnag.
Mynd fel yr andras	Mynd yn ddienaid; gyrru gan amlaf. Andras yw'r diafol neu'r 'gŵr drwg'. Cymharer â 'mynd fel cath i gythraul'.
Mynd i ben	h.y. diwedd oes wedi dod.
Mynd i blu rhywun	Ymrafael â rhywun er mwyn torri dadl.
Mynd i glwydo	Sôn am fynd i'r gwely; noswylio. Ieir sy'n clwydo (fel arfer!).
Mynd i ryfel heb arfe	Mynd i ymrafael â pherson neu sefyllfa mewn cyflwr hollol ddiymadferth ac yn amharod i wynebu'r frwydr, boed honno'n frwydr eiriol neu gorfforol.

Mynd o bared i bost	Symud o un lle i'r llall yn ddi-gyfeiriad. Os yw plentyn wedi cael magwraeth ansefydlog, er enghraifft, dywedir 'cafodd ei dowlu o bared i bost, druan bach, a neb ei eisiau i'w fagu e'n iawn'. Caiff ei ddefnyddio hefyd am rywun sy'n newid swydd yn aml gyda'r awgrym mai un heb ewyllys i ymroi a dal ati ydyw.
Mynd yn rhy fowr i'w sgidie	Rhywun sydd wedi mynd yn hunanbwysig. (Saesneg: *getting too big for his boots.*)
Mynd yn streifus	Ymddangos yn frysiog gydag archwaeth at waith. Efallai iddo darddu o'r Saesneg *to strive.*
Mystyn 'i big	Dweud rhywbeth haerllug, eofn ei naws wrth rywun y dylid dangos parch ato, h.y. bod ychydig yn haerllug ac yn rhy fawr i'w esgidiau.
Neud cawlach neu smonach o bethe	Gwneud llanast. (Saesneg: *to make a mess of things.*)
Nid dau enllyn mewn un pryd	Cyfeirio at y ffaith na allai'r werin gyffredin fforddio mwy nag un peth blasus mewn pryd bwyd.
Oeri dy gawl	Gofynnir i rywun sy'n hwyr yn cyrraedd neu a fu'n gwneud fawr o ddim, 'Ble fuest ti drwy'r bore, yn oeri dy gawl?'
Pa ffordd ma'r gwynt yn hwthu	Sôn, yn wreiddiol iawn, am ba ffordd y mae barn rhywun yn troi, h.y. i ba gyfeiriad mae unigolyn neu dorf yn gwyro o ran safbwynt. Mae'n arbennig o gymwys ar adeg etholiad.

Pawb â'i fys lle bo'i ddolur	Mae pawb yn poeni am ei ofidiau ei hun.
Pawb i hwpo'i gart i'w gartws 'i hunan	Addasiad o 'pawb â'i fys lle bo'i ddolur', h.y. meindied pawb ei fusnes ei hun.
Perthyn trw'r trwch	Cymharer â 'perthyn fel perfedd moch'.
Pishad gwibedyn	Mesur bach iawn o hylif, e.e. gwydraid o win neu laeth mewn te.
Pob dime goch	Pob ceiniog, neu i'r geiniog olaf.
Pori yn ca' dwetha	Rhywun oedrannus yn awgrymu (yn gynnil ac ychydig yn gellweirus) fod terfyn ei oes yn nesáu. Hwn yw'r *home straight* fel petai.
Prynu'n rhad, prynu eilwaith, prynu pen ffair	Nid oes disgwyl i'r hyn a geir yn rhad bara'n hir a bydd gofyn gwario eto yn fuan o'r herwydd.
Pwy isie gweud celwy' sy' â chyment o wirionedd i ga'l?	Cerydd wrth rywun sy'n dweud celwyddau bach digon diniwed a chellweirus.
Pwy ochor i'r dafell ma'r menyn?	Pa ochr sy'n cael ei ffafrio neu ei chefnogi pan fo dadl yn codi neu fater o ddewis yn dod gerbron.
Rhaffo celwydde	Cymharer â 'palu celwyddau' (Saesneg: *to tell lies.*)
Rhaid rhoi tarw i'r fuwch pan fydd hi'n wasod	Taro'r haearn tra fo'n boeth. Caiff ei ddefnyddio'n llythrennol hefyd, a'i briodoli i'r hil ddynol!
Rho babwr iddi Rho ragor o girch iddi	Anogaeth i wasgu'r sbardun wrth yrru. Ymestyn y pabwryn

sy'n cynyddu'r fflam mewn cannwyll. Cyfeiria'r ail ymadrodd at oes y ceffylau a'r angen am roi rhagor o geirch i'r creadur er mwyn iddo fagu nerth.

Rhoi bys i'r llo ga'l sugno

Rhoddir bys yng ngheg llo newydd-anedig i'w dwyllo i dynnu ar y deth er mwyn iddo sugno ei fam. Defnyddir yr ymadrodd hwn am annog neu ddenu rhywun i wneud rhywbeth ac yntau heb fod yn ymwybodol o hynny, h.y. rhoi hwb ymlaen i gyflawni'r orchwyl.

Rhoi cart o flân y ceffyl

Saesneg: *To put the cart before the horse.*

Rhoi côt fowr am ddyn sy' wedi glychu'i dra'd

Gwneud rhywbeth hollol ddi-fudd a dibwrpas i geisio cynorthwyo, yn lle mynd at wraidd y broblem.

Rhoi ei dra'd ynddi

Saesneg: *To put one's foot in it.*

Rhoi gofal yr ŵydd i'r cadno

Rhoi'r gofal i rywun anghymwys na ellir ymddiried ynddo.

Rhoi gormod o lo ar y tân

Gorwneud a difetha rhywbeth. Mae gor-lwytho'r glo yn mygu'r tân.

Rhoi jam ar y bara

Bara, a bara sych yn unig oedd bwyd y tyddynnwr gynt. Roedd rhoi jam ar y bara yn amheuthun. (Saesneg: *to put the icing on the cake.*)

Rhoi proc i'r tân

Cynhyrfu'r dyfroedd, h.y. dweud rhywbeth i gadw'r anghytundeb i fynd.

Rhoi tra'd yn tir/ei gwân hi	Cymryd y goes; dianc.
Rhoi'r dro'd lawr	Gosod y ddeddf. (Saesneg: *to put one's foot down.*)
Rhoi'r wye mewn mwy nag un fasged	Ymhél â mwy nag un ffordd o wneud bywoliaeth, h.y. cadw'r dewisiadau'n agored.
Rhwng y cŵn a'r brain	Wedi gwasgaru. Dywedir ar ôl arwerthiant fferm neu ar ôl i rywun farw fod yr eiddo, a rannwyd yn fratiog a dideimlad, wedi mynd 'rhwng y cŵn a'r brain'.
Rhwto miwn	Ymroi, ar lafar, i ychwanegu at y dolur. (Saesneg: *to rub in.*)
Rhy dda i bara	Pan fo gwaith yn mynd yn rhagorol mae'n anodd credu na ddaw rhywbeth i darfu ar yr hwylustod a dywedir, gan ofni'r gwaethaf, ei bod yn 'rhy dda i bara' ar hyn o bryd.
Rhyw waith heblaw gweitho	Rhywun diog nad oes gwaith yn ei groen – 'bydd yn rhaid iddo ddod o hyd i ryw waith heblaw gweithio'.
Sawl lled ca' bant	Ymhell o'r pwynt.
Sbaddu malwad	Ymadrodd sy'n gyfystyr â 'whilbero mwg', h.y. gwneud dim byd. Roedd hen arfer i'w gael o ddal malwoden, gwthio gwifren drwyddi a chau'r ddwylaw yn sydyn i'w gwasgu. Câi plant eu twyllo i wneud hyn ac yna dywedid wrthynt, ''Na chi wedi sbaddu'r falwoden 'na nawr'.

'Sdim isie cadw buwch pan chi'n galler prynu lla'th

Rhyw fath o gyfiawnhad pan fydd rhywun yn sôn am ddyn dibriod sy'n gweld amryw o fenywod.

'Sdim plant i ga'l heddi; ma' nhw'n ddynion mowr i gyd

Sylw gan oedolyn sy'n awgrymu bod y to ifanc yn rhy ddeallus ac yn rhy fawr i'w sgidiau. Ymddengys bod plant heddiw yn llawer mwy hyddysg ym mhethau'r byd na'u cyndeidiau – neu dyna maent yn ei gredu beth bynnag!

'Sdim iws codi pais ar ôl pisho

Saesneg: *no use crying over spilt milk*.

'Sdim pwynt gwneud mynydd o gachu giâr

Dywediad ffraeth o gefn gwlad sy'n gyfystyr â *making a mountain of a molehill* yn Saesneg.

Sgidie'r crydd sy' waetha

Cyfeiriad at y ffaith fod crefftwr yn aml yn defnyddio'i fedr i wasanaethu eraill gan esgeuluso ei anghenion ei hun.

Siapa dy stwmps

Stwmps = coesau, h.y. prysura dy gam.

Siop siafins

Lle anniben, di-drefn, er mwyn dilorni.

Sownd hyd y bŵl

Sownd = *stuck*; hyd y bôn neu hyd y gwraidd. Daw'r gair bŵl o bwlyn cart, sef deupen yr echel *(axle)*.

Stwffo gwellt/sychu tin

Brolio neu organmol rhywun er mwyn cadw ar yr ochr iawn iddo ac ennill ei ffafr a'i edmygedd.

Synnen i fochyn

Synnwn i ddim.

Talu rhent am step drws	Dywediad am fenywod y pentref sy'n byw ac yn bod ar y rhiniog yn cloncan â'u cymdogion, h.y. yn byw ar ben y drws yn unig ac mae'n drueni eu bod yn gorfod talu am y tŷ i gyd.
Talu trw'r trwyn	Talu'n ddrud; talu llawer mwy na'i briod werth am rywbeth.
Talu'r hen whech	Talu 'nôl i rywun a wnaeth dro gwael; gwneud iawn am gamwri. Dywedir 'fe ddaw cyfle i dalu'r hen whech 'nôl ryw ddiwrnod', h.y. talu'r pwyth yn ôl.
Tamed i dorri whant	Rhywbeth i fodloni'r archwaeth dros dro nes daw cyfle neu amgylchiadau mwy ffafriol i ddiwallu'r angen.
Torri'r garw	Torri newydd annymunol, e.e ar adeg o farwolaeth.
Torri'r got nôl y brethyn	Cyngor i wario'n ddoeth ac yn ôl y modd ariannol sydd ar gael.
Towlu cic	Anelu ergyd eiriol gyfrwys i gyfeiriad rhywun gan fwriadu i'r awgrym gael ei glywed a'i gofio.
Towlu dŵr ôr	Dadrithio syniadau neu gynlluniau rhywun. (Saesneg: *to put a damper on someone's ideas*.)
Towlu i Garliw	Os bydd rhywun yn taflu rhywbeth yn nerthol, yn enwedig os bydd mewn tymer, fe fydd yn ei daflu i Garliw – lle bynnag mae'r fan honno!
Towlu'r towel miwn	Ildio mewn anobaith. (Saesneg: *to throw in the towel*.)

Troi dŵr i'w rod 'i hunan	Troi pethau er mantais iddo'i hunan.
Troi'r gath yn badell	Newid meddwl gan geisio cuddio'r ffaith fod y gosodiad yn anghywir. Gwrthddweud er mwyn ceisio newid y stori.
Trot hwch a galap mochyn	Symud yn lletchwith. Rhywun afrosgo yn ceisio cyflymu cam.
Trwch cot o farnish amser rhyfel	Trwch blewyn, agos iawn.
Twmlo'r cerrig	Pan fo defaid yn pori cae llwm iawn lle nad oes gobaith iddynt gael cynhaliaeth, dywedir eu bod yn twmlo'r cerrig i chwilio porfa las. Caiff ei ddefnyddio pan fo rhywun yn byw yn fain ac yn gorfod chwilio'n daer am bob ceiniog.
Tynnu blewyn cwta	*To draw lots.*
Tynnu pethe i gwlwm	Dod â'r gwaith i ben.
Tynnu plet	Cymryd y ffordd fwyaf unionsyth.
Tynnu'i chlust hi	Cymryd pen ysgafn y gwaith a dim ond gwneud cyn lleied ag sydd raid. Cyfeirir at rywun sy'n dipyn o ddiogyn.
Wath nag oilo beinder	Dywedir hyn wrth gydnabod bod rhyw orchwyl yn anodd a thrafferthus iawn. Gwaith diderfyn yw rhoi olew ar beiriant â llawer o gogiau a chilfachau fel beinder.

Wedi agor 'i lyged	Wedi dod i ddeall neu ddehongli'r sefyllfa, neu wedi gweld y golau.
Wedi codi'r ochor rong i'r gwely	Rhywun sy'n fibus ac yn fyr ei dymer, gyda dim wrth ei fodd a hynny'n wahanol i'r arfer.
Wedi cwmpo rhwng dwy stôl	Rhywun sy'n gwamalu rhwng dau begwn ac yn ei chael yn anodd i benderfynu i ba gyfeiriad i fynd.
Wedi dod dros glaw' yr ardd	Rhywun o ardal arall. Dywedir am rywun nad yw'n frodor o'r ardal mai 'wedi dod dros glaw' yr ardd y mae e'. Nid oes gymaint o'r plwyfoldeb hwn erbyn heddiw.
Wedi gweld trwyddi	Wedi deall a dehongli'r sefylla.
Wedi gweld tywydd	Rhywun sydd wedi cael amser caled/anodd a hynny wedi gadael ei ôl arno.
Wedi hongian ei gap Wedi ca'l ei dra'd dan ford	Nesáu at briodas, cyfeirio at y ffaith fod y mab ifanc wedi cael ei dderbyn yng nghartref ei gariad.
Wedi mynd yn rhy bell i droi 'nôl	Dywedir hyn pan fo pethau wedi mynd i'r eithaf a'i bod yn amhosibl gwyrdroi'r sefyllfa bellach.
Wedi mynd yn blanc	Wedi mynd yn nos, neu i'r pen, e.e. 'pan weles i'r papur arholiad aeth y cwbwl yn blanc arna i'.
Wedi mynd yn dra'd moch Wedi mynd yn ffradach	Y sefyllfa wedi mynd i'r pen a phethau'n rhy wael i'w hadfer.
Wedi mynd yn rech grôs	Sôn am berthynas a fu unwaith yn agos, ond sydd bellach wedi chwalu oherwydd anghytundeb,

e.e. 'Mae wedi mynd yn rech grôs rhwng y ddou ffarmwr 'na ar ôl y busnes cŵn lladd defed, a meddwl eu bod nhw'n gyment o bartners cyn hynny'.

Wedi mynd yn sgrech

Wedi mynd i gornel gyfyng ac anodd i ddod ohoni.

Wedi pisho'n gwely

Dweud mewn syndod fod rhywun wedi codi'n fore iawn, a hynny'n groes i'r arfer.

Wedi torri asgwrn cefen y gwaith

Wedi cwblhau rhan drymaf y gwaith, h.y. wedi cael yr afael drechaf gan awgrymu y bydd pethau'n haws o hynny ymlaen.

Welon ni mo'i gwt mat e

Rhywun neu rywbeth wedi diflannu oddi ar wyneb y ddaear a dim sôn amdano, e.e. 'Fe a'th y ci defed 'co rwle ddechrau'r wythnos. Welon ni mo'i gwt mat e' hyd ddydd Gwener pan dda'th e 'nôl mor sydyn ag a'th e'.

Whare meddylie

Llawer o syniadau'n cyniwair yn y meddwl gan greu ansicrwydd ar brydiau ac arwain at ddiffyg canolbwyntio.

Whilbero mwg

Disgrifiad gwawdlyd o waith rhywun sy'n gwneud dim byd, h.y. gwneud sbri am ei ben gan fod whilbero mwg nid yn unig yn waith diangen ond yn amhosib hefyd.

Y cel a bôr a bâr

Mae'r sawl sy'n hoff o'i fwyd yn debycach o barhau na dyn tenau. (cel = ceffyl, a bôr = pori). Dywedir hyn fel anogaeth i blentyn fwyta rhagor neu fel cyfiawnhad y dyn barus dros fwyta'n ormodol.

Y da'n ca' pella	Yr esgus gan ambell ffermwr pan fydd yn cyrraedd yn ddiweddar i gyfarfod yw ei fod wedi gorfod nôl y da i'w godro o'r cae pellaf un, a dyna pam mae'n hwyr. Er darfod o'r arfer hwnnw caiff yr ymadrodd ei ddweud yn wawdlyd pan ddaw unrhyw un, boed yn ffermwr neu beidio, i mewn i gyfarfod yn hwyr.
Y fuwch sy'n brefiad fwya' eith i darw gynta'	Cyfeiriad gwawdlyd at y fenyw sy'n orawyddus am y rhyw arall ac yn orymwthgar ei hapêl rywiol.
Yn agos i'r asgwrn	Dweud rhywbeth sy'n cyffwrdd neu'n cyffroi'r gwrandawr i'r byw. Yn aml mae'r dweud yn feiddgar neu'n ddeifiol a'r ergyd yn taro'r nod.
Yn sydyn daw dydd Sadwrn	Yn ddiarwybod i chi y daw'r cyfle, neu rhywbeth y bu hir aros amdano yn digwydd.
Yn sydyn ma'r tropas yn syrthio i'r cawl	Huddugl yw *'tropas'*. Byddai'n disgyn yn sydyn ac yn achlysurol i'r hen dân agored o dan y simne lwfer. Awgryma'r dywediad fod rhywbeth yn digwydd yn sydyn. Caiff ei ddefnyddio amlaf wrth gyfeirio at rywun nad oes sôn ei fod ef neu hi yn caru, yna ceir cyhoeddiad, yn hollol groes i'r disgwyl, fod priodas sydyn ar ddigwydd.
Yn wa'th na tw bad	Hen dro gwael, hollol annheg.

Yr esgid ar y dro'd arall

Y sefyllfa wreiddiol wedi ei gwyrdroi, e.e. y gwanaf yn dod yn drechaf neu'r dioddefwr yn cael y cyfle i fod yn ormeswr. Yr awgrym yw fod y rhod yn siwr o droi a daw cyfle i dalu'n ôl am yr hyn a fu, boed yn dda neu'n ddrwg.

Yr hen a ŵyr, yr ifanc a ŵyr y blydi lot

Cyfeirio at y ffaith fod ieuenctid heddiw yn credu eu bod yn hollalluog. Dirmygu'r ddihareb 'yr hen a ŵyr, yr ifanc a dybia' yw diben y dweud.

Yr hwch wedi mynd trw'r siop – roedd hi wedi pipo'n y drws ers tro

Rhywun sydd wedi mynd yn fethdalwr; nid oedd yr ochr ariannol yn argoeli'n dda ers tro.

Hwncw a honco
Dywediadau am bobl

Â'i dra'd ar y ddaear

Rhywun dibynadwy, ystyriol, sy'n pwyso a mesur pethau'n ddoeth a chytbwys. (Saesneg: *his/her feet firmly on the ground.*)

Â'i drwyn yn 'r awyr

Rhywun ffroenuchel.

Ar bigau'r drain

Rhywun nerfus, anesmwyth. Fe'i defnyddir yn aml am ymddygiad rhywun sy'n disgwyl newyddion cyffrous.

Ar dop 'i gloch/chloch

Rhywun swnllyd sy'n siarad â llais uchel uwchben pawb arall.

Ar ger'ed rowndabowt

Bob amser oddi cartref.

Arian yn llosgi ym mhoced hwn a hwn

Arian yn cael ei wario'n rhwydd gan rywun ar bethau dianghenraid yn aml.

Bach yn ysgon rhwng y ddou glust

Rhywun smala, braidd yn wamal ei feddwl.

Bachan bras

Dyn hunanbwysig ac ymffrostgar.

Beth chi'n ddisgwl gan asyn ond cic?

Rhyw fath o gymal ategol i ddangos bod ymddygiad rhywun yn nodweddiadol ohono.

Bola cwrw

Rhywun *pot bellied.* Yn aml iawn, llond bola o gwrw sydd i gyfri am hyn.

Brawlgi neu frawlgast

Siarad fel pwll tro.

Brwcsedd	Anniben, di-raen, ran fynychaf â'r gwallt ar wrych.
Bwrw'i llwyth	Esgor, boed yn ddyn neu anifail.
Bydde'n well iddyn nhw fod wedi cadw'r brych	Dweud gwawdlyd iawn am rywun sy'n werth dim i neb.
Byta gwellt 'i wely	Rhywun llwm ei fyd sy'n gorfod byw yn fain.
Byti bwrw'i fola/fogel	Awyddus, chwantus, bron yn orawyddus.
Cadw draenog yn 'i boced	Rhywun cybyddlyd nad yw'n cyfrannu at yr un achos da, h.y. mae arno ofn rhoi ei law yn ei boced.
Cardi caws, moch sir Benfro, whelps sir Gâr	Llysenwau ar drigolion tair sir.
Carreg gornel	Rhywun sy'n sylfaen i weithgareddau ac yn hollbwysig am ei fod yn dal y cwbl gyda'i gilydd.
Carreg lanw	Rhywun sydd heb fod yn ddylanwadol nac o werth mawr.
Carreg o fla'n whil	Dywedir hyn am rywun sy'n ceisio helpu ond sy'n fwy o rwystr nag o werth ac yn arafu'r gwaith mewn gwirionedd.
Caseg waith neu gaseg fagu	Defnyddir yr ymadrodd hwn wrth gyfeirio at ddewis dyn o wraig – un i weithio neu un i blanta.
Cath mis Mai	Llysenw am fenyw a aned ym mis Mai.

Cefen cath wmla	Rhywun gwargam, fel cath ag ystum ymladd.
Ceffyl bla'n	Rhywun sy'n hoff o ddangos ei hun yn bwysig ym mhob peth.
Ceffyl siafft	Rhywun sy'n gweithio'n ddyfal a chaled heb hawlio unrhyw glod.
Ceilog ar ben 'i domen 'i hunan	Rhywun sy'n hoff o reoli pan mae gartref. (Saesneg: *on his home ground*.)
Cerdded fel cwarter i dri	Cerdded â'r traed yn wynebu am allan.
Cico'n trasis	Creu trwbwl, gwrthwynebu'r drefn, e.e. ambell un ifanc, protestgar.
Clapgi	Rhywun sy'n hel clecs a'u gwasgaru. Gwneir hynny yng nghefn y sawl y sonnir amdano.
Cleme/cuchie	Ystumiau.
Clorwth	Dyn neu ddynes fawr, afrosgo.
Clunhercyn	Braidd yn anystwyth neu stiff; cyfuniad o'r ddau air 'clun' a 'herc'.
Coco'i gluste	Clustfeinio er mwyn dal rhan ddiddorol o sgwrs. Dywedir hyn am gi hefyd pan glyw sŵn yn y pellter.
Codi ar ei dra'd ôl	Sefyll dros ei hawliau neu amddiffyn ei safbwynt.
Codi'i wrychyn	Mynd yn grac, dechrau colli tymer.

Cof fel gwagar	Cof gwael iawn. 'Gwagar' yw gogr *(sieve)*, a'r awgrym yw fod y cof yn cael ei ridyllu drwodd.
Cro'n ei din ar ei dalcen	Rhywun bibus, annifyr, yn gweld bai ar bawb a phopeth. Disgrifiad o rywun drwg ei hwyl.
Crwt y mab	Rhywun yn cyfeirio at ei fab ond rhoddir y rhagddodiad 'crwt' o'i flaen. Dywedir 'crwt y gwas' hefyd wrth sôn am was fferm.
Cwd y mwg	Rhywun ymffrostgar a deallus ei ymddygiad ond sydd yn hollol ddisylwedd a di-ddal mewn gwirionedd. Mae cwd y mwg (coden fwg, math o fwyd y boda) – Saesneg: *puff ball* – yn llawn gwacter, ac o'i wasgu mae'n ffrwydro'n gwmwl o fwg. Mae'r gymhariaeth yn hynod drawiadol.
Cwrcatha	Dyn sy'n hel menywod, yn aml iawn pan na ddylai fod yn gwneud hynny.
Cysgu ar ben ei dra'd	Rhywun swrth a difywyd.
Chewch chi ddim o'i dwym na'i ôr e	Cymeriad dwfn, amharod i roi ei farn ac mae'n anodd gwybod beth i'w wneud ohono.
Dawn rowndio ci defed	Y ddawn o gael gwybodaeth gan rywun heb ei holi'n uniongyrchol, h.y. cyfeirio cwrs y sgwrs yn gyfrwys a dod at y pwynt heb i'r siaradwr sylweddoli ei fod yn datgelu'r ffeithiau.
Deryn o bant	Rhywun dieithr i'r ardal.

Dim bagal tano fe	Meddw, heb ddim rheolaeth ar ei goesau.
Dim gwec o'i ben	Dim sŵn; rhywun yn cau ei geg ac yn dewis dweud dim.
Ddim llawn llathen Ddim wedi bod ym mhen draw'r ffwrn Miwn 'da'r bara, mas 'da'r byns	Dyn neu ddynes â gwendid meddwl. (Saesneg: *half-baked*.)
Dod ag e at ei bost	Dywedir 'Mae'n bryd dod ag e at 'i bost' pan fo angen disgyblu glaslencyn sydd braidd yn benchwiban ac afreolus. Deillia o'r arfer o glymu ebol neu anner wrth bost am y tro cyntaf er mwyn eu tawelu a'u disgyblu.
Do'dd dim isie rhoi bys iddo fe	Nid oedd angen llawer o gymell ar rywun, h.y. fe neidiodd at y cyfle. Deillia'r ymadrodd o'r arfer o roi bys yng ngheg llo i'w annog i sugno.
Do's dim yn 'i *goconut* e	Rhywun twp, disylwedd.
Dou ddwbwl a phlet	Hynod gam, gwargam.
Drysten i mohono fe 'mhellach na allen i 'i dowlu fe	Rhywun anonest.
Dwedwst	Rhywun heb fawr i'w ddweud.
Dwylo blewog	Dywedir bod dwylo blewog gan leidr. Deillia'r disgrifiad o'r dyddiau pan godid blawd o sach y melinydd â'r dwylo. Codai ambell un ddogn da o flawd yn y trwch blew ar ei freichiau ac o'r herwydd câi fwy na'i siâr, h.y. byddai'n dwyn.

Dwylo ôr, calon gynnes	Hen gred.
Dyle fod yn ddou/ddwy	Mawr o safbwynt corfforol.
Dyn didorrad	Di-wardd, h.y. cymharu â cheffyl sydd heb ei dorri i mewn.
Dyn mowr bach a dyn bach mowr	Cyfeiriad at y gwahaniaeth rhwng anian dau: dyn 'mawr' yn yr ystyr *a great man* – galluog a pharchus ond yn ymddwyn yn isel a diymhongar, a'r dyn 'bach' sy'n credu ei fod yn bwysig ac yn ymddwyn yn ffroenuchel.
Dyw e ddim yn gwybod 'i eni	Ddim yn gwybod pa mor ffodus ydyw yn ei fywyd beunyddiol.
Dyw e ddim yn pilo wye i neb	Rhywun nad yw'n was bach i neb, ond yn hytrach yn sefyll ar ei draed ei hun.
Ddim yn byta 'i eirie	Dyn sy'n siarad yn ddi-flewyn-ar-dafod, sy'n rhoi barn yn blwmp ac yn blaen.
Ddim yn ffit i ga'l whilber heb whil	Rhywun sy'n yrrwr car dienaid a pheryglus.
Ddim yn gwbod p'un a yw'n mynd ne'n dod	Rhywun sy'n rhy wyllt i wybod beth i'w wneud â'i hunan.
Ddim yn gweld ymhellach na'i drwyn	Rhywun heb lawer o allu ac yn hollol ddiweledigaeth.
Ddim yn neud lled 'i din	Gweithiwr gwael. Dywediad arbennig o addas yng nghyfnod y cynhaeaf gwair neu lafur ers llawer dydd, neu wrth grynhoi tato.

Edrych fel pych	Golwg wael ar rywun, gan amlaf wedi diraenu'n sydyn dros gyfnod byr.
Ei got e bach yn dynn	Disgrifiad o ddyn hunanbwysig, mawreddog, yn gwthio'i frest allan nes bod y botymau bron â thasgu ymaith!
Ei hwyl yn nhwll 'i din	Hwyl wael iawn.
Ei thin hi mewn pot mêl	Dynes sydd wedi arfer â moethusrwydd hawddfyd. Gellir dweud am ambell un ei bod 'wedi ei magu â'i thin mewn pot mêl', h.y. wedi ei maldodi'n ormodol yn blentyn. Dywedir am ddynes orgrintachlyd ac amhosib ei phlesio, 'fydde honna ddim yn gysurus pe bai 'i thin hi mewn pot mêl'.
Ei wep yn hir Ei jib yn go hir	Golwg bwdlyd, neu olwg wedi'i siomi ar rywun pan fo rhywbeth wedi mynd o chwith.
Fe blede gwt mochyn bant	Dadleuwr brwd, di-ildio yn mynnu mai ei biniwn ef sy'n gywir.
Fe ethe â chrys o dy gefen se fe'n galler	Rhywun cyfrwys yn cymryd pob cyfle a ddaw i'w ran i dwyllo, neu ddwyn, neu gymryd mantais annheg o'r sefyllfa. Caiff ei ddweud gan amlaf am rywun sydd wedi dod ymlaen yn y byd drwy'r ffyrdd hynny.
Fe gododd 'i shoncen fach e/hi	Wedi colli ei dymer.
Fe gwmpe mas â'i grys/â'i gysgod	Disgrifiad o rywun cecrus iawn a gwyllt ei dymer.

Fe stedde ar bwys gwaith	Rhywun diog, rhy bwdwr i sylwi bod eisiau gwneud rhywbeth cwbl amlwg.
Fe werthe *sand* i Arab	Rhywun sy'n werthwr taer a llwyddiannus.
Fel anner llo cynta	Mam orffyslyd o'i phlentyn sydd hefyd yn tynnu sylw ati hi ei hun. Mae'n troi o gylch ei hepil yn barhaus ac yn achub ei gam bob cyfle.
Fel broga mewn tar	Rhywun sy'n tin-droi yn ei unfan heb fawr o siâp cyflawni dim arno.
Fel brwynen	Gwanllyd, egwan, neu rywun tenau iawn.
Fel bwbach	Rhywun salw, hyll.
Fel ceilog y gwynt	Rhywun anwadal ac yn troi gyda phob awel er mwyn ceisio plesio pawb.
Fel ceilog bantam neu geilog dandi	Disgrifiad o ddyn benywaidd neu ddyn sy'n ffansïo'i hun.
Fel ci wedi colli'i gwt	Disgrifiad o rywun sydd ddim yn gwybod beth i wneud â'i hunan ac sydd ran fynychaf 'mas o'i le' mewn cynefin dieithr.
Fel dafad wedi colli ôn	Rhywun gwirion yr olwg, ddim yn siŵr ble i droi.
Fel giâr â chywion	Gwraig drafferthus, *fussy*.
Fel giar â gêp	Rhywun gwirion, smala. Clefyd oedd *gape* a achosai i'r ieir aros yn eu hunfan yn gegagored a phensyfrdan yr olwg.

Fel giâr ar ben domen	Rhywun smala sydd byth a beunydd yn troi oddi amgylch yr un man yn gwneud rhywbeth nad oes angen ei wneud.
Fel giâr ar y glaw	Diflas yr olwg, llipa.
Fel giâr dan wyntell	Golwg wirion ar rywun, fel pe bai wedi ei garcharu neu ei goncro ac yn ofni symud na mentro. Rhoddir iâr dan wyntell pan mae'n glwc.
Fel giâr glwc	Ddim yn teimlo'n hwylus.
Fel giâr yn gori	Rhywun araf sydd byth yn prysuro dim i blesio neb.
Fel giâr yn gwisgo'i chot fowr	Edrych yn llipa a brwcsedd ac fel arfer yn cwyno llawer, h.y. yn swnio ac yn edrych yn llipa.
Fel gwcw	Yr un hen gân ddigyfnewid.
Fel heddi a fory	Rhywun araf, hamddenol ei ffordd wrth gyflawni rhyw orchwyl.
Fel hen gwenen o fla'n tân Fel hen gath lydu	Disgrifiad o ferch neu ddynes anwydog, oerllyd, sydd byth a beunydd yn stwffio'n agos i'r lle tân. Lludw yw 'llydu' ac mae cath, o gael y cyfle, yn gorwedd mor agos â phosib i'r gwres.
Fel hwch yn y swêts	Barus wrth fwyta, neu anniben, ac yn dymchwel popeth.
Fel hwrdd hydre	Yr hydref yw penllanw'r tymor hyrdda (cyfebru) a chyfeirir yma at ddyn yn dangos yr un nodweddion, h.y. mae'n or-barod ei wasanaeth tuag at y rhyw deg!

Fel llo heb ei lyo	Rhywun llipa, diflas yr olwg, fel llo newydd-anedig.
Fel llo yn sugno dwy fuwch	Llond ei got, graenus.
Fel llong ar dir sych	Disgrifiad o fenyw fawr, lletchwith.
Fel haid o wydde mewn ca' tato	Twr o bobl (gwragedd ran fynychaf) prysur a swnllyd.
Fel mochyn heb ei gwyrso	Rhywun gwyllt, di-wardd, yn gywir fel mochyn yn twmblo popeth yn ei gyfer heb feddwl na phwyllo. Rhoddir gwyrsen yn nhrwyn mochyn i'w atal rhag turio.
Fel ôn swci	Rhywun gwirion, diniwed.
Fel poni	Ateb i'r cwestiwn 'Shwt ma'r wraig?' gan amlaf: 'O, mae fel poni,' h.y. yn iach ac yn llawn bywyd.
Fel poni a march	Rhywun mawr a rhywun bach, e.e. disgrifiad o ddau frawd gwahanol iawn eu maint.
Fel pwnsh	Rhywun cysurus.
Fel 'se fe wedi bod drw'r drain	Rhywun blêr, anniben.
Fel 'se hi'n cered ar ben wye	Menyw yn cerdded yn sidêt a gofalus.
Fel 'se ti wedi bod yn sugno'r hwch	Budr yr olwg. Caiff ei ddefnyddio wrth ddisgrifio plentyn â'i wyneb yn bwdel i gyd.
Fel sgrîn	Tenau.

Fel sôls	Rhywun dienaid, gwyllt a dihidio. Gall hynny fod wrth ei waith neu wrth ddreifio.
Fel stên/hwrdd/sledj	Cyfeirio'n wawdlyd at rywun twp.
Fel trawith hi'n 'i ben e	Disgrifiad o rywun annibynnol ei farn na ellir dylanwadu arno. Daw i benderfyniad sydyn, heb wrando dim ar neb.
Fel whilber galico	Menyw ddi-ddal, ddidoreth.
Fel winwnsyn	Rhywun sy'n gorwisgo, h.y. yn rhoi sawl haenen o ddillad amdano.
Fel y blac	Rhywun â'i wyneb yn fudr, heb ymolch ers tro byd.
Fel y boi/bois	Ateb i'r cwestiwn 'Sut mae'r teulu?' boed nhw'n wrywod neu'n fenywod, e.e. 'Sut ma'r merched?' 'O, fel y bois, diolch.'
Fel yr afal, neu fel cricsyn	Rhywun iach, e.e. 'Mae'n dal fel cricsyn ac ystyried ei oedran'.
Fel yr hoil a'r lloiad	Disgrifiad ffraeth o ddyn tew bochgoch a'i gymar tenau a llwydaidd.
Ffit-ffat	Cerdded yn fân ac yn fuan.
Ffrwlen o groten	Merch sy'n mwynhau amser da ac yn dipyn o haden. Tebyg i *happy-go-lucky* yn Saesneg.
Gambo o fenyw	Menyw fawr, lletchwith.
Giâr un cyw	Dynes sydd ond wedi magu un plentyn.

Gofyn garre o grôn 'i thin hi	Disgrifiad o ddynes â golwg sarrug arni pan ofynnir iddi am gymwynas, e.e. 'Gallech feddwl o'r edrychiad ge's i 'mod i wedi gofyn garre o grôn 'i thin hi'.
Golwg gilffetog	Golwg euog ar rywun ac mae'n cadw bant o'r herwydd. Gall fod wedi twyllo neu wneud tro gwael â rhywun ac mae hynny'n gwasgu ar ei gydwybod. Dywedir, 'Mae'n amlwg bod cilffet arno fe heddi'. Mae deallusrwydd ci defaid yn peri iddo yntau wybod pan nad ydyw wedi plesio'i feistr wrth ei waith ac yn lle dod i gael ei ganmol, bydd yn cadw draw â golwg gliffetog arno.
Golwg sa bant	Rhywun sydd wedi gadael iddo'i hun fynd yn flêr a budr yr olwg. Byddai'r hipis cynnar yn ffitio'r disgrifiad!
Gwallt fel sopyn wedi'i shwrlo	Gwallt aflêr, ar wrych fel brig ysgub. *Shwrlo* oedd y broses o dynnu'r ysgubau o'r sopyn a'u rhoi'n rhes o ddwy yn erbyn ei gilydd ar ddiwrnod o wynt oer, sych, er mwyn eu sychu'n barod i'w cywain. Roedd y brig, fel y gwallt dan sylw, ar osgo anniben.
Gwbod lliw perfedd pobun	Disgrifiad o rywun busneslyd sy'n gwybod hynt a helynt pawb. Dywedir am ambell wraig sy'n hel clecs, 'Mae'n gwbod lliw perfedd pobun yn y pentre 'ma'.
Gweud celwy' fel ci'n trotian	Rhywun celwyddog ac aml ei gelwyddau.

Hanner call a dwl	Cymharer â hanner pan, penefer. (Saesneg: *half-baked*.)
Hen geilog a cwenen i gael stoc	Mae'n debyg bod yr ymadrodd yn wir wrth sôn am ddofednod ond fe'i defnyddir fel idiom pan fydd gŵr mewn oed yn priodi merch ifanc.
Hen glagen	Dynes hyll heb ddim oll yn atyniadol yn ei chylch o ran golwg na phersonoliaeth.
Hen gonen	Menyw sy'n cwyno'n wastadol.
Hen hwdwch	Menyw frwnt, yn yr ystyr aflednais, anfoesol.
Hen sgragen	Disgrifiad o fuwch neu fenyw, fel arfer un benstiff a diolwg.
Hi sy'n gwisgo'r trowser	Y wraig sy'n rheoli.
Hopsyn jogel	Wedi meddwi; yn gob mowr.
Hyfed fel lloi bwcedi	Llowcio diod ar ei ben fel lloi bach yn drachtio llaeth yn awchus o fwcedi. Caiff ei ddweud gan amlaf pan fo rhywun yn cymryd mantais o haelioni ac yn gwneud y gorau o'r arlwy sydd ar eu cyfer.
'I le fe yn well na'i gwmni e	Dywedir hyn am rywun nad oes neb yn ei hoffi.
'I lyged byti tasgu mas o'i ben	Rhywun sydd wedi ei synnu neu wedi ei syfrdanu gan rywbeth h.y. yn syllu ac yn methu credu.
Iach yw pen cachgi	Mae'r sawl sy'n rhoi'r goes iddi ac yn troi cefn ar sefyllfa anodd neu sgarmes yn iach ei groen. Dywedir

hyn yn wawdlyd gan fod y sawl a drafodir yn cilio yn hytrach nag yn wynebu'r canlyniadau.

Ise clymu'i ben e

Rhywun sydd wedi gwneud rhywbeth gwirion, h.y. dweud nad yw e'n gall.

Ise cwarter o ysgol

Ymadrodd gwawdlyd am rywun sy'n ddigrebwyll ynglŷn â rhywbeth. Mae tinc o wneud hwyl am ben y sawl a drafodir.

Ise rhoi sbrogen yn 'i whîl e

Mae angen atal rhywun rhag gwneud rhywbeth. Dywedir hyn pan fo eisiau ymddarostwng rhywun sy'n mynd yn rhy fawr i'w drafod.

Ise torri gwine rhywun

Pan fo rhywun wedi mynd yn rhy fawr i'w sgidiau mae angen ei ddymchwel i'w iawn faint.

Jac-y-rhaca

Rhywun di-ddal. Nid oes pwyll na rheswm yn perthyn iddo.

Labwstryn

Dyn mawr lletchwith, di-ddim a disylwedd.

Ladi-da/ladi gentil

Dynes ffroenuchel sy'n ymddwyn yn rhodresgar.

Lan hyd y styden/latsh

Dyn meddw, rhy feddw yn wir i ddal rhagor o gwrw.

Lartsh

Rhywun sy'n mynnu dangos ei hun fel rhywun uchel-ael, moethus ei fyd. (Saesneg: *to swagger*.)

Lico codi'r bys bach
Lico gwlychu'i big
Lico'r drontol

Rhywun sy'n hoff o yfed.

Lico towlu'i thin	Merch sy'n hoff o segura a swagran a bod yn ffasiynol.
Llathed o'r un brethyn Pwdin o'r un badell	Rhywun sy'n dangos yr un nodweddion â'i deulu. Ffaeleddau neu wendidau'r teulu hwnnw sy'n cael eu trafod gan amlaf.
Llathed yn ddwy, dwy yn ddyn	Os bydd plentyn dwyflwydd yn llathen o daldra, dywedir y bydd yn ddwy lathen pan fydd wedi cyrraedd ei lawn dwf.
Llaw dda	Rhywun medrus â'i ddwylo, bob amser yn gwneud gwaith crefftus a graenus.
Llawn gwenwn	Rhywun cwynfanllyd, bibus, sydd byth yn bles â'i fyd.
Lliw gole loiad	Rhywun llwydaidd yr olwg.
Llo lloc	Rhywun smala, ansoffistigedig â'i sylwadau bob amser yn ddisylwedd a digyrraedd. Cymherir y person â llo sydd wedi ei fagu o fewn cyfyngder lloc ac sydd heb gael y cyfle i fynd allan i'r byd mawr i fagu hyder a deallusrwydd.
Llond 'i got	Rhywun graenus, tew.
Lot o strab shirobyn/shiroben	Tipyn o dderyn, yn yr un ystyr â *hadyn* a *haden*.
Ma' cwymp dŵr 'da hi	Cyfeiriad beiddgar at fenyw dal, hir ei choes.
Ma' gofyn eich bod chi'n cyrradd y iet 'run pryd ag e	Rhywun na ellir ymddiried ynddo ac sy'n debygol o geisio bod un cam ar y blaen.

Mae e'n ca'l gormod o girch	Ym myd amaeth cyfeiria at farch llond ei got yn y gwanwyn, yn barod i'r tymor cyfebru ac sy'n ysu am ddechrau ei orchwylion! Caiff ei ddefnyddio'n awgrymog am ddyn sy'n arddangos yr un nodweddion.
Mae e'n ddall â'r ddou lygad	Ymadrodd a ddefnyddir pan fo rhywun yn caru ag un a ystyrir yn anghymwys iddo, ac yntau'n ddall i hynny.
Mae fel ganwd e	Rhywun twp, di-sylw, heb ddysgu dim yn y byd.
Mae'n gwisgo'i got fowr i e.e. fynd adre	Rhywun sydd ar ei wely angau, 'Rwy'n ofni'r gwaetha am hwn-a-hwn. Mae'n edrych yn debyg ei fod yn gwigo'i got fowr i fynd adre.'
Mae'n rhoi rhaff am 'i wddwg 'i hunan	Rhywun sy'n gweithredu'n ffôl ac yn darogan gwae o ganlyniad i hynny, megis ffermwr sy'n prynu fferm am gannoedd o filoedd o bunnoedd ar adeg o gyni mawr: 'Ma' fe'n rhoi rhaff am 'i wddwg 'i hunan,' gan awgrymu ei fod yn crogi ei hun mewn dyledion.
Mae'n hen bryd tynnu'r corcyn o'i ben ôl e	Angen tynnu'r gwynt o hwyliau rhywun sy'n ymddangos yn rhwysgfawr a phwysig.
Magu cwils	Dysgu tyfu i fyny a magu hunanhyder.
Ma'i gyfarthad yn wath na'i gnoiad	Dweud nad yw rhywun yn ymddwyn mor gas ag yr awgryma ei sŵn, h.y. er y bytheirio allanol,

calon dyner sydd ganddo yn y bôn.

Ma'i hanner e'n pori

Rhywun anwadal, di-sylw, sy'n gweithredu'n ddifeddwl yn aml. Mae awgrym o'r hanner pan (*half-baked*) yma.

Ma'n ddwy dunnell heb ei got

Rhywun hunanbwysig sy'n credu bod ei air yn cario tipyn o bwysau o fewn y gymdeithas.

Mifyr-mihafar
dim bwch na gafar

Term gwawdlyd i ddisgrifio dyn merchetaidd. Ym myd yr anifeiliaid *hermaphrodite* yw mifyr-mihafar.

Moch bach â chluste mowr

Awgrym fod yr hyn sy'n cael ei ddweud yn anaddas i blant, yn enwedig a hwythau'n gwrando'n astud.

Mochyn dou dwlc

Dyn sy'n cael perthynas â dwy fenyw.

Mor onest â'r hoil yn codi

Dywediad i bwysleisio gonestrwydd rhywun. Mae'r haul yn bur ac yn lân ac yn agored i bawb weld ei fod yn ddilychwin.

Mynd â'i chwt yn dorch

Mynd gyda blas neu gydag arddeliad. Dywedir am ddynes fusnesyd ei bod yn 'mynd â'i chwt yn dorch i whilo clap'.

Mynd â'i gwt rhwnt 'i goese

Rhywun â golwg euog arno, neu rywun sydd wedi cael ei drechu mewn ffrae ac sy'n falch o gael mynd o'r golwg. Mae'n edrych fel ci defaid sydd wedi cael ffrae gan ei feistr.

Mynd miwn trw' un glust a ma's drw'r llall	Rhoi cyngor neu orchymyn i rywun a hwnnw'n gwrando dim, a neb, o ganlyniad, fawr callach.
Mynd yn ei gyfer	Mynd ar ras, heb feddwl.
Mynd yn rhy fowr i'w sgidie	Rhywun sydd wedi tyfu'n orbwysig. (Saesneg: *getting too big for his boots.*)
Mystyn ei dafod/ei thafod	Rhywun yn siarad yn haerllug ac egr.
O'r gader	Cader yma yw crud ac mae dweud bod rhywun 'yn ffarmwr o'r gader' yn gyfystyr â dweud bod ffermio yn ei waed. Gellid cymhwyso'r ymadrodd hwn i unrhyw alwedigaeth neu hyd yn oed i nodweddion sy'n rhedeg mewn llinach teulu.
Partner gwŷr byddigions	Disgrifiad o berthynas ffurfiol ac oeraidd rhwng dau nad ydynt yn meddwl llawer o'i gilydd. Dywedir ar dro am ddau gymydog mai 'partner gwŷr byddigions' ydynt, h.y. maent yn cyfarch ei gilydd yn ddigon boneddigaidd mewn cwmni ond yn cadw eu cyfeillgarwch o hyd braich.
Pen swllt a chynffon ddime	Rhywun sy'n ymddangos yn foethus ac yn uchel-ael gerbron y cyhoedd tra'i fod, mewn gwirionedd, yn ddigon llwm ei fyd.
Perthyn drw'r berth	Perthyn yn anghyfreithlon, h.y. perthynas yn ymwneud â phlentyn gordderch.

Peswch hyd fyse 'i drâd	Peswch yn ddwfn ac yn ddi-baid, fel pe bai'r ymdrech i godi'r pesychiad yn dod o ddyfnder.
Pishyn	Dyn neu ddynes sy'n ddeniadol ac yn atyniadol i'r rhyw arall.
Plentyn drw'r berth	Plentyn gordderch. (Saesneg: *illegitimate child*.)
Porcyn/porcen/pyrcs	Pobl noethlymun.
Pwff a drewi	Disgrifiad o rywun gwyntog, hunanbwysig, e.e. 'pwff a drewi yw e a 'na i gyd'.
'Run boerad ag e	Cymharu dau, o'r un teulu gan amlaf, e.e. 'Ma'r crwtyn 'ma 'run boerad â hen foi 'i dad-cu'.
Reial benec	Rhywun di-wardd, yn ei gyfer.
Ro'dd y glocsen yn go uchel	Bachgen â gwallt hir, aflêr. Y glocsen sy'n rhoi dyfnder y toriad ar beiriant lladd gwair.
Sachabwndi	Menyw dew, ffwdanus ei ffordd, a heb fymryn o waith ynddi.
Sais rhonc	Defnyddir yr ansoddair 'rhonc' i bwysleisio tanbeidrwydd, h.y. mae'n Sais hollol drahaus a digyfaddawd.
Sefyll ma's fel deryn du	Rhywun sy'n edrych allan o'i le mewn cwmni neu sefyllfa anghyfarwydd iddo.
Sgaram o ddyn	Dyn tal, esgyrnog.
Shani bob man	Dynes anwadal sydd ddim yn canolbwyntio ar un peth ac sydd

byth a hefyd oddi cartref yn busnesa. Mae'n debyg mai dynes hynod ei nodweddion o'r enw Jane Leonard a drigai mewn bwthyn ar fin traeth Cei Bach oedd y 'Shani bob man' wreiddiol. Crwydrai'n barhaus ar hyd y fro a deuai ymwelwyr i ryfeddu at ei ffordd o fyw. Trigai gyda'i hanifeiliaid a'i dofednod o dan yr un to ac ar un adeg roedd pennill ar lafar gwlad am Shani:

Mae Shani Pob Man yn
          gwneuthur ei rhan
I gadw y Cei mewn
          poblogrwydd,
Tra eraill i gyd yn gwneuthur
          dim byd
Ond gwledda ar gefn ei
          henwogrwydd.

Shildyn neu geglyn o grwt	Crwt bach eiddil, gwan iawn yr olwg.
Shoni gwirionedd	Celwyddgi. Rhywun nad oes dal ar ei stori.
Siarad drwy'i hat	Siarad nonsens.
Slabyn/slaben Clobyn/cloben	Rhywun mawr o ran maint.
Slashyn/slashen	Rhywun tal.
Slibryn/slingyn main Llipryn	Dyn tal a thenau.
Soga dew	Dynes o faintioli corfforol aruthrol o fawr.
Stacan o ddyn	Dyn byr, llydan, cydnerth yr olwg. Disgrifiodd Dic Jones y diweddar

	D.J. Williams, Rhydcymerau fel 'stacan o ddyn lliw stêcen dda'.
Stwbwrn, penstiff	Pengaled.
Surbwch	Rhywun amhleserus nad oes neb yn or-hoff o'i olwg, ei sylwadau na'i gwmni.
Swanc	Rhywun wedi'i wisgo'n ffasiynol ac yn drwsiadus. Dywedir am ddynes sy'n hoffi coluro ac ymroi i ddangos ei hun, 'Ma' hi'n swancen fowr heddi 'to'.
Tato o'r un rhych	Pobl o'r un anian (gwael ran fynychaf).
Tebyg i ddyn fydd ei lwdwn	Bydd y mab yn dangos yr un nodweddion â'i dad. (Dywedir hyn wrth gyfeirio at ffaeleddau'n amlach na pheidio.)
Teimlo'n oilin	Gweddol neu go lew wrth sôn am iechyd.
Teimlo'n whip/fel clwtyn llestri	Teimlo'n wan ac yn ansefydlog ar y traed, oherwydd afiechyd gan amlaf.
Ti'n gweld gwynt nawr 'to	Mynd o flaen gofid heb eisiau; ofni helynt pan fo popeth yn iawn.
Tipyn o geilog	Tipyn o dderyn, yn enwedig gyda'r menywod.
Towlu llygad mochyn	Cil-edrych yn gyfrwys.
Trawiad	Edrychiad neu'r argraff mae rhywun yn ei roi, e.e. 'Mae hen drawiad go uchel iddo fe', h.y. golwg fel pe bai'n bwysig.

Wampen	Menyw fawr. Daw o'r hen air Cymraeg 'chwalpen', sef dynes o gryn faint.
Wedech chi na thodde menyn yn 'i geg	Rhywun sy'n siarad yn ffein a gorganmoliaethus yn eich wyneb, ond mewn gwirionedd un dauwynebog na allwch ymddiried ynddo ydyw.
Wedi bod yn y ca' rêp neu wedi bod yn 'r adle	Disgrifiad o wraig feichiog.
Wedi codi'n fore	Rhywun craff ei feddwl, anodd cael y gorau arno.
Wedi codi'r ochor rong i'r gwely	Rhywun sydd fel arfer yn ddigon hynaws, ond am ryw reswm yn fyr ei amynedd ac nid oes dim byd wrth ei fodd.
Wedi difaru dod i'r byd	Rhywun â golwg hunandosturiol arno. Diflas a llipa.
Wedi'i fagu dan ddail riwbob	Rhywun gwirion sydd wedi cael ei fabanu a'i faldodi'n ormodol pan oedd yn blentyn.
Wedi molchid a symud y cluste 'nôl	Disgrifiad, gydag arlliw o wawd, o ddyn sydd wedi twtio ei hun, h.y. ymolchi a chribo'i wallt ar gyfer mynd i ffwrdd, a hynny dipyn yn wahanol i'w ymddangosiad arferol.
Wedi mynd yn wasod yn cratsh	Merch ifanc sy'n disgwyl plentyn cyn ei bod mewn oedran cymwys i fod yn fam. Deillia'r ymadrodd o'r gymhariaeth ag anner heb ei throi allan at y tarw am ei bod yn rhy ifanc.

Wedi torri	Rhywun wedi heneiddio.
Wedi tyfu â'i flew arno	Glaslanc sydd wedi cael ei ffordd ei hun a'i ddifetha pan oedd yn blentyn ac effaith hynny'n glir yn ei ymarweddiad.
Wedi'i dala hi	Wedi meddwi.
Wedi'i dynnu trw'r claw'	Wedi cael amser caled drwy'i fywyd. Caiff hyn ei ddweud mewn trueni pan fo effaith troeon yr yrfa yn dangos ei ôl.
Wedi'i eni ar haf sych	Rhywun sy'n or-hoff o'r ddiod feddwol ac sy'n diwallu ei syched yn amlach nag y dylai.
Wedi'i magu dan lip	Heb wybod llawer am bethau'r byd.
Whelpyn o ddyn	O faintoli corfforol mawr; gall hefyd fod yn hunanbwysig.
Whit-what	Di-ddal, didoreth.
Ŵy clwc	Rhywun serchog a gorganmoliaethus yn eich wyneb ond sy'n eich difrïo yn eich cefn. Ar adeg etholiad, yn enwedig ar raddfa leol, mae ambell ymgeisydd yn gwybod nad ydy hwn-a-hwn o'i blaid – ŵy clwc iddo ef yw hwnnw!
Y bachan 'na sy'n hwthu sopyne lawr	h.y. y gwynt! Dywedir hyn am rhywun sy'n meddwl ei fod yn bwysig (*snob*): 'fod tipyn o'r bachan 'na sy'n hwthu sopyne lawr yndo fe'.

Y clopa'n go wag	Rhywun twp nad oes modd dysgu dim iddo.
Y cyw a fegir yn uffern, yn uffern y mynn fod	Awgrym na ellir tynnu dylanwadau magwraeth oddi ar rhywun. Caiff ei ddweud mewn modd dilornus pan fo rhywun yn dangos ffaeleddau a briodolir i'w fagwraeth. Deillia'r ymadrodd o oes y simne lwfer. Gelwid y fflagen las o flaen y tân yn garreg uffern am ei bod mor dwym, ac arni y rhoddi gweiniaid o gywion ieir i gynhesu ar ôl deor. Ar ôl cryfhau, mynnent aros ar y garreg uffern o hyd!
Y fenyw 'co	Ffordd ambell ddyn o gyfeirio at ei wraig, heb awgrym o fod yn sarhaus o gwbl.
Y mwnci bach wedi codi	Rhywun â'i dymer wedi'i chodi.
Y siop yn ffenest i gyd	Rhywun sy'n hoffi arddangos ei gyfoeth, ond mewn gwirionedd nid oes ganddo lawer wrth gefn. Dywedir hyn hefyd am ferch sydd wedi'i gwisgo mewn modd sy'n arddangos mwy o'i chorff nag y dylai, gyda'r bwriad o ddenu llygad y bechgyn, h.y. mae bron y cyfan yn y golwg ac ar werth!
Yn dân ar 'i grôn e	Teimlo'n gynddeiriog at rywun neu rhywbeth.
Yn dapar coch	Yn dwmpath coch, neu'n gwrido'n danbaid o goch.
Yn ei bomp	Yn anterth ei nerth; yn ei fan gorau.

Yn gob mowr, yn gob gachu	Meddw iawn.
Yn gors o annwyd	Annwyd trwm iawn.
Yn mesur yr hewl	Wedi meddwi'n dwll ac yn igam-ogamu neu'n dal-gwympo ar hyd y ffordd.
Yn sobor fel sant	Fel sant, er mwyn pwysleisio dilysrwydd yr honiad.
Yn tampan	Yn grac iawn, yn gandryll.
Yn tanio fel matsen	Rhywun gwyllt, byr ei dymer.
Yn wyn fel y galchen	Rhywun wedi cael ofn ac wedi newid ei liw!
Yr hen gornepen wyntog	Dynes ffroenuchel.

Pryd bynnag a lle bynnag y cwrdd deuddyn i roi'r byd yn ei le, pobl sydd dan y lach ran fynychaf a bydd tafodau'n chwibio'r geiriau i'w lle wrth dynnu llinyn mesur dros hwn a'r llall. O ddefnyddio tafodiaith yn enghreifftiol, gall y dweud gael ei lywio, a'i liwio, yn debyg i hyn:

Yn y gymdogaeth hon ma' 'na bobl o bob seis a siâp, ambell i slibryn main fel rhaca, ambell lipryn llwydedd, lliw gole-loiad ac ar y llaw arall ambell i labwstryn mowr lletwhith yn edrych fel llo'n sugno dwy fuwch. Ise codi'r rhastal sy' ar hwnnw wath ma' fe mewn casin cadw da, yn fachan sy'n llond 'i got. Ma' 'na ambell i gambo o fenyw wedyn, fel llong ar dir sych, ond falle fod honno'n byta byth a beunydd fel hwch yn y swêts. Ne' ma' hi wedi bod yn 'radle ne'n ca' rêp, os felly fe ddaw'r bola lawr ryw ddydd pan ddaw'n amser iddi hi fwrw'i llwyth. Ma' 'na ambell i lefren fach wrth gwrs ddim cweit ddigon hen i bwsho pram, yn ffeindo'i hun yn y cyflwr hyn, wedi mynd yn wasod yn cratsh siwr o fod, ond 'na fe, fyl'na ma'r byd yn mynd mla'n.

Fe gewch chi ambell i wag yn lico codi bys bach ac yn amal yn feddw gorlac, leico'r drontol yn ormodol hytrach, a'n beni lan yn hopsyn jogel a dim bagal tano – mwy na thebyg ei fod wedi'i eni ar haf sych. Ac fe gewch ambell ddyn a golwg sa bant arno, yn anniben tost a'i bartneres yn frwcsedd reit â'i gwallt ar wrych fel sopyn wedi'i shwrlo. Gwath fyth yw'r boi sy' â thipyn o'r bachan 'na sy'n hwthu sopyne lawr ynddo ne'r ladi gentil o fenyw sy'n camu'n itha sidêt fel se'i yn cered ar ben wye. Ac o sôn am wye on'd odi rhai mynwod yn debyg i 'eir, ambell un fel giâr ar ben domen ac ambell un lipa fel giâr ar y glaw ac un arall wedyn fel giâr dan wintell, fel se'i wedi difaru dod i'r byd. Ac ma' 'na ambell i bishyn go ifanc yn leico towlu'i thin i ga'l, dachre magu cwils ma' honno a 'ni gyd yn nabod y fenyw fach ddidoreth, yn cadw'i thŷ fel twlc mochyn – na beth yw trefen iâr ddu, dedwy mas a cachu'n tŷ. Ond whare teg i'r mynwod, 'ma' ambell geilog bantam o ddyn i ga'l 'fyd, ambell i fochyn dou dwlc ac ambell un yn edrych fel llo heb 'i lyo.

Gall sawl un godi'i wrychyn o ga'l 'i ddisgrifio fel hyn a 'sdim isie hala neb yn benwan walics o gyndeirog, wa'th ran amla ma'r sawl sy'n siarad yn mynd bach yn rhy fowr i'w sgidie'i hunan. Ma' isie rhoi sprogen yn 'i whil cyn eith pethe rhy bell i droi 'nôl. Rhoi to ar y mwdwl sy' ore a chofio fod pawb yn ca'l gwell golwg ar y bobol o gwmpas wrth edrych drw' ffenestri glân. Ma'n werth cnoi cil dros hynna!

Glaw neu hindda
Y tywydd

Awel dro'n galw'r glaw

Adeg y cynhaeaf gwair yn aml ceid awel dro yn cyrlio'r rhibynnau ac ambell waith yn eu codi'n grwn nes bod y gwair yn chwyrlïo uwch y ddaear cyn disgyn lathenni i ffwrdd. Derbynid hyn fel arwydd sicr o law, a byddai angen prysuro i gael y gwair dan gwlwm.

Awyr las seis tin britsh am un ar ddeg, bydd yn clirio'r prynhawn

Tua un ar ddeg yw'r adeg i edrych am arwydd o wellhad yn y tywydd erbyn y prynhawn. *Tin britsh* yw pen ôl trowser!

Broga llwyd – glaw
Broga melyn – tywydd teg

Dywed Dic Jones yn *Sgubo'r Storws*:
> A'r broga'n llwyd, llwyd y llyn
> Mae haul mewn broga melyn.

Broga melyn â'i ben am Aberystwyth

Arwydd o dywydd teg.

Browlan eira

Dechrau bwrw eira yn anghyson ac yn fân.

Bwa'r arch y bore, aml gawode
Bwa'r arch prynhawn, tywydd teg a gawn

Bwgwth glaw

Edrych fel petai am lawio; *bwgwth* o'r gair *bygwth*.

Bwrw am saith, hindda am un ar ddeg

Os yw'n wlyb adeg y gwawrio, fe gilia'r glaw fel yr â'r bore rhagddo.

Bwrw cŵn a cathod

Saesneg: *to rain cats and dogs*.

Cadno o ddiwrnod	Diwrnod o dywydd twyllodrus.
Cath yn troi ei thin at y tân	Arwydd o eira.
Cei di hoil, cawad yw hon	Llinell o gynghanedd a gaiff ei hadrodd i awgrymu mai dros dro y mae'r glaw.
Cesig gwynion ar y môr	Ewyn ar frig y tonnau yn arwydd o dywydd gwell i ddod ar ôl glaw trwm.
Cig moch yn diferu	Arferid halltu mochyn trwy ei hongian wrth fachau o dan nenfwd y gegin. Os byddai'n diferu, argoelai'n dda am gyfnod o dywydd braf.
Ci'n pori	Arwydd o law cyn bo hir.
Clafychu	Yr awyr yn tywyllu ac yn ymdebygu i law.
Coel ddyddie	Yr arfer o gadw cyfri o'r tywydd ym mis Ionawr gan gredu bod pob diwrnod yn cyfateb i fis yn nes ymlaen yn y flwyddyn. Nodir dechrau, canol a therfyn y dydd hefyd. Ionawr 9fed = mis Ebrill 10fed = mis Mai ac felly ymlaen hyd y 14eg sy'n cyfateb i fis Medi.
Cynnos o law	Glaw trwm.
Cylch yn agos, glaw ymhell cylch ymhell, glaw yn agos	Cyfeiriad at y cylch neu'r cysgod o amgylch y lleuad a'i berthynas â'r tywydd.

Chynhesith hi ddim nes bod y daffodils yn mynd 'nôl	Ni ddaw gwres digonol i dyfiant y borfa nes i flodau mis Mawrth wywo.
Dafi Jones yn dangos 'i ddanne'	Cyfeirio at erwinder y môr sy'n dynodi bod y storm i barhau.
Dail ar y dderwen o flân yr onnen	Arwydd o haf sych.
Da'n cadw'u gwâl yn sych	Os mynn y gwartheg orwedd ben bore, dywedir eu bod yn cadw lle sych i orwedd gan fod glaw ar y ffordd cyn y prynhawn.
Da'n gorwedd yn glòs i'w gily'	Arwydd o law.
Defed Jacob yn mynd i'r dŵr	Cymylau mân, tywyll yn croesi'r ffurfafen yn y gaeaf yn arwydd o eira.
Defed yn chwarae neu'n prancio	Arwydd o storm: storm o eira yn arbennig.
Diwel y glaw neu pistillo'r glaw	Bwrw glaw yn drwm.
Diwrnod sgeler	Diwrnod milain o oer neu wyntog a garw.
Eira mân, eira mowr eira bras, eira bach	Ceir dywediad cyffelyb gan yr Indiaid: *Small snow, big snow, big snow, small snow.*
Eira cyn y Nadolig, y gaeaf yn erthylu	Dywedir bod y gaeaf yn chwythu ei blwc, h.y. ni ddaw llawer am weddill y gaeaf.

Fuwch goch gota,
Dwed ai glaw neu hindda?
Os daw glaw, cwymp o'm llaw,
Os daw haul, hedfana.

Bydd y fuwch goch gota'n weddol siŵr o godi ar adain ar dywydd teg, a disgyn os oes glaw yn agos.

Ffliwchan

Pluo eira bach mân.

Ffliwch y gaseg wen

Clwstwr o gymylau gwlanog eu golwg sydd ran amlaf yn rhagflaenu tywydd stormus, gwyntog.

Gini'r owns ar agor
neu ar gau

Blodyn bach coch sy'n tyfu ar ochr llwybrau neu ym mwlch y cae. Os yw ar agor yn y bore, disgwylir diwrnod sych. Os yw ynghau, disgwylir glaw.

Glaw tinwyn Abertawe
Tra parith y dydd fe barith ynte

Glaw o'r de sy'n siŵr o barhau gydol y diwrnod ran fynychaf.

Gweld lleuad newydd

Dywedir bod gweld lleuad newydd drwy ffenest neu drwy frigau coed yn arwydd o anlwc, a gorau oll os yw rhywun yn sefyll ar borfa.

Gwylanod yn cilio i'r tir
o flân storm

Cymharer â'r hen bennill:
    Yr wylan fach adnebydd
    pan fydd hi'n newid tywydd,
    hi hed yn deg ar adain wen
    o'r môr i ben y mynydd.

Gwynt sychu stacs

Awel fain, oer sy'n ddelfrydol ar gyfer sychu brig y llafur mewn stacanau.

Gwynt sythu brain

Awel oer iawn sy'n treiddio hyd at yr asgwrn.

Hoil yn mynd lawr dan gist	h.y. cwmwl yn ei guddio, arwydd o law trannoeth.
Lloiad newy' ar ddydd Gwener	Arwydd o dywydd gwlyb dros y mis dilynol.
Lloiad ar ei phig yn gollwng y dŵr i gyd	Arwydd o law.
Lloiad ar ei chefen	Arwydd o dywydd sych.
Lloiad yn boddi	h.y. yn suddo tan gwmwl – glaw cyn y bore.
Llydrew cyn nos, glaw cyn bore	Dywedir bod llwydrew gyda hwyr y dydd yn tynnu glaw a bydd newid yn y tywydd cyn gwawrio.
Ma' gwynt yr *east* yn shafo	Cyfeirio at fileindra gwynt y Dwyrain yn y gwanwyn wrth iddo ddifa'r borfa.
Ma' shitw'n addo eira	Cyfeiriad at y gath yn troi ei chefn at y tân – arwydd sicr o eira.
Niwl o'r mynydd, tes i'r glennydd	Os pair niwl o'r mynydd am dridiau, mae'n arwydd o gyfnod hir o dywydd teg.
Nosweth serlog/sêr yn gwingad	Tywydd clir, sych, yn enwedig yn nyfnder y gaeaf. Os yw'r sêr yn eglur yn gynnar ar ôl nosi, gall rewi'n galed cyn hanner nos.
Os collir y glaw o'r gogledd y daw	Credir mai gwynt o'r gogledd ar ôl cyfnod hir o sychder sy'n dod â glaw.

Os yw'r rhew yn dala hwyad cyn Nadolig, ni ddal ddyn ar ôl hynny	Os ceir rhew cymharol galed cyn yr ŵyl, ni fydd yr hin yn rhewllyd iawn ar ôl hynny.
Polion dan yr hoil	Arwydd o law.
Stania	Haen denau o iâ *(black ice)*. Gall fod yn eira sydd wedi ei gywasgu gan drafnidiaeth.
Trwch anarferol o flodau ar feillionen Sbaen	Arwydd o haf sych. (*Golden chain* yw meillionen Sbaen.)
Trwch o ffrwythau	Bydd trwch o aeron ar y gelynnen yn arwydd o aeaf caled.
Tyrfe mis Mai, yr haf yn erthylu	Dywedir bod storm o daranau ym mis Mai yn cymysgu'r aer a disgwylir iddi fod yn bur ansefydlog am weddill yr haf.
Tywydd cyfatal	Tywydd ansefydlog, rhwystredig. Adeg y cynhaeaf gall y gwair fod ar lawr am hir amser oherwydd bod y tywydd yn gyfatal.
Tywydd yn garwyno	Mynd yn fwy stormus; daw *garwyno* o'r gair 'garw'.
Y dderwen yn blodeuo cyn yr onnen	Arwydd o haf gwlyb.
Y brain yn nythu'n uchel/isel	Arwydd o haf da/arwydd o haf gwlyb.
Y brain yn twmlo	Arwydd o law – dywedir bod y brain yn 'tynnu'r glaw lawr'.
Y dail yn moelyd Y gwybed yn pigo	Arwydd o law.

Y gwynt o dwll y glaw	Y gwynt o'r de-orllewin, glaw ar y ffordd.
Y mwg yn dringad yn syth	Arwydd o ddiwrnod sych.
Y mynydd yn agos	Arwydd pendant o law.
Y wennol ar ei bola	Arwydd o law. Hed y gwenoliaid yn isel am fod y pryfetach yn dod yn nes i'r ddaear fel mae pwysedd yr aer yn disgyn.

O rigol yr oged
Termau yn ymwneud â byd amaeth

Â brwynen ma' clatsho ci defed

Rhybudd i'r bugail ochel rhag gorddefnyddio grym at gi defaid. Ni ddylid ei geryddu â gwialen na phastwn – yn hytrach ei gymell i weithio drwy ffordd deg.

Achles

Dom neu wrtaith i'r tir. Dywedir bod cae llwm angen achles arno.

Agor ca'

Torri cnwd gyda'r clawdd, boed yn wair neu lafur, er mwyn paratoi lle i hwyluso'r gwaith o dorri'r gweddill. Yn nyddiau'r ceffyl arferid 'agor' â phladur, h.y. torri ystod (*swath*) o amgylch yr holl gae.

Alsen a stwffwl

Alsen yw un o'r ystyllod croes mewn clwyd bren, a *stwffwl* yw'r pren talcen.

Anifail yn sgathru

Colli ei flew. Digwydd hyn i geffyl, buwch neu gi pan fo'n colli'i got aeaf.

Ar ben ei hâl

Buwch wedi cyrraedd yr amser i fwrw llo.

Ar ôl cino cynnar

Pan fyddai angen casglu cymdogion a gweithwyr ynghyd ar gyfer rhyw orchwyl arbennig ar y fferm, yn aml dechreuid 'ar ôl cino cynnar' er mwyn cael prynhawn hir at y gwaith. Awgrymai rhai nad oedd gwraig y tŷ am baratoi cinio i'r gweithwyr.

	Roedd hynny'n ddigon gwir mewn ambell le!
Bali wen	*Blaze* ar wyneb ceffyl.
Banc	Yr enw am gaeau uchaf y fferm, bencyn sych gan amlaf. Caiff ei ddefnyddio o hyd ac fe eir o'r clôs 'lan i'r banc'.
Bil-bil-bil	Ymadrodd a ddefnyddir i alw'r hwyaid i'r tŷ.
Bing/wac	Llwybr cul o flaen y da yn y beudy. Yno cedwir y gwair a'r bwydydd.
Blewynna	Pori ambell flewyn o borfa neu gymryd ambell weiryn. Dywedir hyn am fuwch neu ddafad sydd heb fod yn hwylus ond sy'n cydio mewn ambell damaid hwnt ac yma heb lawer o archwaeth. Disgrifia Dic Jones Seren y fuwch yn awdl y 'Cynhaeaf' ar fin dod â llo:
	Yn beichio cwyn ei baich cudd Gan flewynna'n aflonydd.
Bola claw'	Ochr y clawdd lle'r eisteddai'r fedel i fwyta adeg y cynaeafau. 'Sawdl y clawdd' yw'r gwaelod.
Bonlladd a blaenlladd	Cyfeiria'r ddeuair at anwastadrwydd y toriad â'r bladur, h.y. toriad o uwch naill ai ym môn neu flaen yr ystod *(swath)*.
Brochgau	*Riding* – buwch yn gwasod.

Brynar	'Braenar' yw'r gair cywir, sef tir wedi ei aredig a'i adael yn dir coch. Braenaru yw'r ferf. (Saesneg: *fallow*.)
Buwch gyflo Buwch yn wasod Caseg gyfeb Hwch dorrog Gast dorrog	Cyflwr o feichiogrwydd.
Ast yn bôth Cath yn cwrcatha Dofendod yn ceiliogi a gori Hwch llodig Hyrddod yn rhydio	Cyflwr o ffrwythlondeb.
Buwch yn gistwn	Ei hesgyrn yn gostwng wrth nesáu at loia.
Bwmbwrth	Mwgwd a roddir dros lygaid anifeiliaid i'w harbed rhag cael ofn.
Bwrw'i llawes	*Prolapse* mewn anifail.
Bwyd yn 'i bigo fe	Dyn neu greadur yn teimlo'n heini.
Cader pladur	Darnau o wialenni a roed uwchben llafn y bladur pan fyddai gwanaf o ŷd yn cael ei thorri fel bod yr ŷd yn disgyn yn swp cryno ar gyfer ei rwymo â llaw.
Car llifo	Ffrâm o haearn â ffurf croes bob pen iddo lle gellid gosod pren ar gyfer ei lifo â llawlif.
Cardodwyn	Mochyn lleia'r dorraid.

Catsiod	Dyrnaid bach i dowlu am y tro, e.e. dyrnid catsiod cyn brecwast i gael digon i'r anifeiliaid am un pryd.
Ceilociar	Aderyn y buarth nad yw naill ai'n iâr nac yn geilog.
Ceilogod	Y tywysennau ŷd a oedd ar ôl heb eu torri o ganlyniad i ddiffyg min neu anfedrusrwydd yn nyddiau'r bladur. Byddent yn sefyll â'u pennau fry fel ceiliogod balch.
Circh i'r iâr a'r fuwch, barlys i eidon	Ceirch yw'r bwyd delfrydol i beri i'r iâr ddodwy a'r fuwch i laetha, a defnyddir barlys i dewhau creadur.
Clefyd y gwt	Afiechyd ar wartheg, yn enwedig rhai mewn gwth o oedran. Ni all y creadur godi ac wrth archwilio'r gynffon gellir darganfod man meddal heb deimlad ynddo sydd tua dwy fodfedd o hyd, rhyw naw modfedd o'r gwaelod. Y feddyginiaeth leol yw agor rhwyg o fan iach i fan iach a'i lanw â chymysgedd o floneg mochyn a garlleg er mwyn iddo dreiddio drwy'r gwaed. Mae milfeddygon yn amheus o ddilysrwydd yr afiechyd a'r driniaeth.
Cloegio	Yn nyddiau dyrnu â ffust, cloegio oedd lled-ddyrnu, h.y. ffusto'r brig gorau ymaith a gadael rhywfaint ar yr ysgub i'r da neu'r ceffylau. Golygai hefyd adael y gwyddau a'r ieir i fwyta eu gwala o'r ysgub

cyn ei symud i ffusto'r brig i ffwrdd yn llwyr.

Copsi

Brig yr helm neu'r das. Byddid yn 'toi' yr helm lafur gyda gwellt neu frwyn i'w diddosi rhag y gwynt a'r glaw. Mae'r dywediad 'yn gopsi ar y cyfan' neu 'i gapso'r cyfan' yn gyfystyr ag 'yn ben ar y cyfan', *'on top of everything'*.

Côr

Y palis pren rhwng y gwartheg a'r bing yn y beudy. Ceir côr rhwng buwch a buwch hefyd pan fo pob un yn ei 'stâl'.

Cowen neu gŵen gwair

Amrywiad lleol o'r gair 'cywain' sy'n golygu cario i mewn neu grynhoi. Defnyddiodd Llywelyn Phillips *Cywain* yn deitl i'w gyfrol o ysgrifau amaethyddol.

Cowen gwair ym mhlwyf Llanwenog tua 1951

Crafion	Y mân wair a arferai gael ei ailgribinio ar ôl cywain er mwyn lleihau'r golled ac i lanhau'r cae.
Cramp	Teclyn â choes hir, tebyg i bicwarch, ond bod y pigau'n gam. Fe'i defnyddid i dynnu dom oddi ar gart a'i bentyrru'n grugiau ar y cae yn barod i'w wasgar.
Cratsh	*Crate*; lle i gadw lloi bach, e.e. yn un pen o'r beudy.
Crynhoi carthion	Yr arfer o grynhoi chwyn ar wyneb y tir coch ar ôl ei lyfnu ag oged er mwyn glanhau'r ddaear cyn hau'r cnwd dilynol.
Cwmpo swêts	Teneuo swêds a chwynnu ar yr un pryd. Roedd rhaid gwneud pob rhych unigol ar y penliniau. Gwisgid sachau am y penliniau (penliniwns) a chyflogid ambell i drempyn i wneud y gwaith gan ei dalu wrth y rhych.
Cwningod ddim yn twllu'n claw' meillion Sbaen	Dywedir nad ydyw cwningod, am ryw reswm, yn tyllu mewn clawdd lle tyf coed tresi aur *(golden chain)*. Efallai mai'r arogl sy'n atgas ganddynt.
Cyfer	Erw neu acer o dir.
Cynted o dir	Mas ar dir agored, meithder o dir.
Da bach	Ni ddefnyddir y gair yn yr ystyr 'bach' o ran maint, ond yn hytrach i ddisgrifio'r holl dda ifanc sydd ar y fferm o'u cymharu â'r da godro neu fuchod magu lloi. Yn aml gelwir y buchod godro yn 'da

gwartheg' ac ar fferm lle cedwir tua thrigain o'r rheiny bydd tua'r un rhif o 'dda bach', sef yr aneirod cyflo, aneirod i darwa a'r lloi o bob oedran.

Danne cowir a danne trâd hwyad   Y ddau fath o ddant (*spike*) a oedd yn gyffredin ar oged; rhai unionsyth neu gywir, a rhai ar ffurf traed hwyaden a fyddai'n llusgo mwy o'r pridd.

Diafol   Teclyn i dynnu ysgall o'r gwraidd.

Dowlad/storws   Y llofft uwchben y beudy neu'r stabl. Yma y cedwid mân offer a gogor i'r anifeiliaid a oedd islaw. Ceid twll i adael yr ysgubau i lawr i'r bing o flaen y da neu'r ceffylau ac ar y dowlad byddai'r *tramps* yn lletya.

Drefa   Pedair ar hugain o ysgubau (chwe stacan). Byddai rhwng dwy a thair drefa mewn sopyn llaw a thair i bedair drefa mewn sopyn pen-lin.

Dyn hur   Gweithwyr a gâi eu hurio'n achlysurol i wneud gwaith fferm. Gan amlaf, tyddynwyr a âi allan i weithio er mwyn cadw deupen y llinyn ynghyd oeddent. Byddent yn cael eu talu wrth y dydd adeg y cynhaeaf, wrth y rhych am gwympo swêds (neu erfin) ac wrth y perc (pum llath a hanner) am gwtero.

Eirw   Gair yr ardal am aerwy, sef y gadwyn neu'r rheffyn am wddf buwch a ddefnyddir i'w chlymu yn y beudy.

Escdri	Echel (cert neu gambo); *axle*.
Fel pen barlat	Cae o borfa gwyrdd tywyll ei liw ('glas' a ddywedir yn lle 'gwyrdd' i ddisgrifio porfa iraidd). Mae'r cyfryw gae fel arfer wedi cael dogn dda o ddom neu wrtaith cwdyn.
Ffidl	Offeryn i hau a gaiff ei gario â straben dros y cefn gyda blwch o gynfas i ddal yr had. Gwasgerir yr had wrth symud bwa'r ffidl.
Fflwcs	Yr enw ar chwyn a phlanhigion gwyllt sy'n tyfu'n gymysg â'r cnwd.
Fforch a wmlog	Teclyn fforchog gyda *leverage* i godi dail tafol o'r gwraidd.
Ffordio	*To trim* (defaid â gwellaif).
Gafel wêr	Defnyddir y term wrth sôn am raddfa braster bustach tew wrth gydio yn yr ystlys *(flank)* i asesu faint o fraster sydd yno. Yr un yw'r gwêr hwn â gwêr cannwyll *(tallow)*.
Galapo	Mynd ar garlam, nid o reidrwydd ar gefn ceffyl.
Gelyn mwya' dafad yw dafad arall	Daw hyn i'r amlwg gyda dwyster stocio; mae chwarae teg y ddafad unigol yn lleihau pan fo'r rhif yn cynyddu. Mae'n wir yn y farchnad hefyd gyda gorgyflenwi'r angen yn gwasgu'r prisiau.
Giwano	Gwrtaith i'r tir, *guana*. Y deunydd crai yw dom adar ond daeth y gair

	i olygu unrhyw wrtaith cemegol erbyn hyn.
Gwaelod da	Ceffyl â charnau o ansawdd da, neu gae â phorfa trwchus gyda thrwch o feillion yn y bôn.
Gwair fel brandi	Disgrifiad o arogl hyfryd gwair sydd wedi cynaeafu'n dda.
Gwilâc – gwilâc	Gair a ddefnyddir wrth yrru gwyddau ymaith.
Gwndwn	Tir glas, h.y. daear bori neu gae gwair sydd heb ei aredig ers tro byd.
Gwyddoni	Brig llafur sy'n gwyddoni pan fydd yn dechrau cydio'n ei gilydd ac yn magu llwydni ac arogl sur, hen. Bydd y gwyfyn ynddo hefyd erbyn hyn.
Gwyth	Y chwydd caled yng nghadair buwch fel y dêl i laeth ar gyfer lloia.
Hou llafur	Yn ôl yr hen gred, dylid hau teirgwaith cymaint o lafur had ag sydd ei angen; tri gronyn o ŷd felly – un i bydru, un i'r frân ac un i egino.
Hecs bwl	Ymadrodd a ddefnyddir fel anogaeth i'r tarw fynd ymlaen â'i dasg.
Hen Gymro	Y mwyaf adnabyddus o'r hen fathau o haidd a dyfid yn y rhan hon o'r wlad. Roedd hyd da i'r brig, gyda thua un ar hugain o rawn ar bob ochr.

Hou barlys yn dwst a gwenith yn llaid	Cyfeirio at y gwahaniaeth sydd ei angen yng nghyflwr y ddaear ar gyfer haidd a gwenith, h.y. daear ysgafn, sych ei naws i'r naill a daear drymach, wlypach ei chymeriad i'r llall.
Iorwg i ddafad bara menyn i fochyn	Pan fo dafad yn ddi-hwyl, heb archwaeth at fwyd, mae iorwg yn ei hannog i fwyta. Yn yr un modd cynigir tafell o fara menyn i fochyn.
Ise codi'r rhastal	Eisiau dogni bwyd er mwyn i ddyn neu anifail tew golli pwysau.
Jigin	Llwyth bach, ymhell o fod yn llond y treiler neu'r gambo. Gall fod yn jigyn o wair neu unrhyw beth arall.
Lip a wintell	*Lip* oedd math o fasged o ddrysni a gwellt, tua dwy droedfedd a hanner o hyd a throedfedd o led. Fe'i defnyddid i gario bwydydd anifeiliaid neu i gasglu wyau. Holltid drysni â thwca a'u gwau o amgylch gwellt gwenith wedi'i dynnu drwy gorn buwch i sicrhau trwch cyson.

Defnyddir yr un egwyddor o blethu basged wrth lunio gwyntelliau, ond bod y gwargennau o wiail a'r gwneuthuriad yn gryfach.

Plethu basged lip

Lladd gwair

Torri gwair. Adeg y cynhaeaf gofynnir 'Odi chi wedi lladd?' yn hollol naturiol yn hytrach na chyfeirio at wair, na thorri gwair hyd yn oed.

Lladd mawn

Defnyddid y term 'lladd mawn' yn yr un modd â 'lladd gwair', sef torri. Yr un a olygir wrth 'godi twerch' sef codi'r clots mawn o'r gors, eu llusgo allan i gnwc sych â char-llusg a'u gosod mewn crugiau i sychu. Byddai pob un â'i geulan ei hun ar y gors a dyma fyddai tanwydd y gaeaf i lawer o bobl yr ymylon.

Lladd mawn

Llafur golym	Cyfran o lafur (ŷd) a roddid i'r gof fel tâl am 'golymu' (naddu blaenion main) dannedd yr oged.
Lla'th toro	Y llaeth cyntaf, melyn a thrwchus a ddaw o'r tethau ar ôl i anifail esgor. (Saesneg: *colostrum*.)
Lle trafeilus	Fferm anodd i'w gweithio. Cyfeiria at ddaear lethrog, anwastad a thrafferthus i geffylau sy'n tynnu llwythi.
Lliw'r g'lomen	Lliw'r ceirch pan fo'n barod i'w dorri â beinder.
Lloc	Lle caeëdig i ddal defaid neu wartheg a lle gellir ymwneud â'r gwahanol orchwylion angenrheidiol.
Lloiad ar ei chryfder/gwendid	Dywedir bod cyflwr y lleuad yn effeithio ar gryfder neu wendid y

newydd-anedig. Rhoddid wyau i ddeor fel bo'r cywion yn cael eu geni pan oedd y lleuad ar ei chryfder.

Llorfa

Cnwd llafur yn gorwedd yn bendramwnwgl ar lawr o ganlyniad i storm o wynt a glaw, e.e. 'roedd y ca' circh yn llorfa wedi storom Awst.'

Llosgi bietyn

Wrth ladd mawn, torrid gwrychyn o'r wyneb, h.y. y tyfiant, gyda *phlow* – teclyn â choes hir i'w wthio yn erbyn y frest, cyn dechrau codi'r mawn. Y weithred o roi tân i'r llys-dyfiant yma er mwyn ei ddifa oedd 'llosgi bietyn'.

Llyffant tafod

'Wooden tongue', afiechyd ar y chwarennau yng ngheg buwch.

Llywanen

Sach fawr wedi ei hagor (e.e. i gario gwair).

Lwrdo

Y pridd yn chwalu'n dda a chodi'n donnau o lwch wrth ei lyfnu ag oged – arwydd fod y tir wedi sychu'n dda a'r ddaear yn dymherus i hau.

Ma' cysgod y claw'n fwy o werth na'i le

Cyfeirio at werth clawdd fel cysgod i'r anifeiliaid, boed yn ystod haf poeth neu mewn storm o law. Mae'n arbennig o addas wrth ystyried bod cymaint o gloddiau wedi eu dymchwel er mwyn creu caeau mawrion a rhagor o arwynebedd tir.

Ma' peder trôd yn byta mwy na'r gene

Cyfeirio at y ffaith fod traed gwartheg a defaid ar dywydd gwlyb yn torri'r tir, h.y. mae pedair troed y creadur yn difetha mwy o laswellt nag y mae'r creadur yn ei bori.

Ma' peint o'r gader yn well na galwn o'r bwced

Pwysleisio gwerth llaeth ei fam i lo bach o'i gymharu â llaeth powdwr. Mae epil pob creadur yn dod ymlaen yn well o gael sugno fel y mynn a'i fagu'n naturiol.

Medel

Y garfan o bobl a ddeuai ynghyd i gynorthwyo adeg y cynhaeaf. Byddai pobl 'tai bach' y pentref yn gweithio tri neu bedwar diwrnod ar fferm gyfagos adeg y gwair a'r llafur fel tâl am le i osod dwy neu dair rhych o datws. Cymerodd peiriannau le'r fedel tua chanol y bedwaredd ganrif ar bymtheg.

Medel

Mis clacwydd	Gydol yr adeg y bydd gŵydd yn gori (4 wythnos) ni fydd y clagwydd yn mynd ymhell o'r fan gan aros yn bryderus-ddisgwylgar am y deor. Dywedir yn gellweirus am ambell ddarpar dad, pan fo'i wraig ar fin esgor, 'Mae'n fis clacwydd arno fe nawr'.
Mwdwl	Crugyn o wair yng nghyfnod 'gwair rhydd', h.y. cyn dyfodiad y byrnwr. 'Mydylu' oedd y broses o godi'r gwair â phigau, rhoi troad iddo a'i bentyrru'n dwmpath i'w arbed rhag cael ei ddifetha gan y glaw. Pan ddeuai diwrnod da i weira arferid 'torri'r mydylau' ac ailysgwyd y gwair ar led yn yr haul.
Neud y dwt	Y mân orchwylion sydd angen eu gwneud o gwmpas y clôs. Maent yn orchwylion beunyddiol, nos a bore, yn y tai allan ac o gwmpas y tŷ. Yn draddodiadol y gwas bach a'r forwyn a fyddai'n eu cwblhau.
Ocsed	Cymysgfwyd a wnaed i'r moch mewn pair mawr. Cedwid moch ar bob fferm a thyddyn fel rhan bwysig o'r gynhaliaeth. Rhoddid popeth yn y pair i'w porthi – tato mân, swêts ac erfin, crafion tato, dail tafol, llaeth enwyn ac yna berwid y cyfan a rhoi dyrnaid o flawd ar ei ben. Gwnâi fwyd maethlon ac nid âi unrhyw gynnyrch o'r fferm yn ofer.
Part mas	Cyfres o gogiau yn troi peiriannau'r ysgubor gyda cheffyl wrth bowlen a gerddai o amgylch

yn barhaus i droi'r cogiau. Fe'i gelwid weithiau yn *gering machine*.

Pedair cwningen yn pori cymaint â dafad
Naw gŵydd yn pori cymaint ag un eidon

Pedair pedaren mewn slang, hanner mewn cyfer

Pedaren yw chweched rhan o gyfer (acre).

Pentewys

Y brig a oedd wedi ei dorri o'r gwelltyn yn y cae llafur ac wedi cwympo i'r ddaear. Arferid troi'r moch a'r gwyddau i'r ŷd ar ôl y cynhaeaf ble byddent yn tewhau'n braf ar y pentewys.

Penwast

Head-collar anifail.

Pitsho gwair

Y weithred o godi gwair â phigau o'r cae i'r gambo. Byddai dau yn cyd-godi gan amlaf ac un arall yn llwytho. Cyn dyfodiad mecanyddiaeth, byddai angen pitsho gwair i'r das yn yr ydlan yn ogystal.

Pitshwr

Y teclyn haearn ar ffurf dau big mawr a fyddai'n codi'r gwair rhydd o'r gambo yn yr ydlan i fyny i ben y tŷ gwair. Rhedai rhaff i'w godi ar hyd y 'reilen pitshwr' o un pen i'r llall o dan y 'pen rownd' a defnyddid pwêr ceffyl i dynnu'r llwyth.

Plowo

Codi'r glotsen cyn codi twerch; defnyddid erfyn â choes hir i'w wthio er mwyn codi'r wyneb.

Pori yn y glec	Tocio'r borfa i lawr at y gwraidd nes bod y cae'n llwm. Defaid a cheffylau sy'n 'pori yn y glec'.
Rhastal	Rhastl neu rhesel; cawell sy'n dal gwair i greadur uwchben y cafn bwyd neu'r preseb.
Robin gyrrwr	Pryfyn sy'n pigo gwartheg ac yn plannu ŵy o dan y croen. Bydd yn datblygu'n chwilen sy'n codi'n lwmp ar gefn y fuwch cyn dod allan. (Saesneg: *Warble fly*.)
Ro'dd ei rych e fel pisho eidon yn dwst	Rhychau neu gwysi cam mewn cae tir coch. Gwarth oedd hynny ac anelai pob ffermwr at agor rhychau hollol unionsyth a fyddai'n dwyn edmygedd ei gymdogion.
Rwshal	Y sŵn siffrwd cras a chyffrous mewn gwair wedi'i gynaeafu'n dda. Cyfeiria Dic Jones at 'Ei gras odidog rwsial' wrth sôn am lawnder y cynhaeaf ŷd yn yr awdl 'Y Cynhaeaf'.
Rhastal lan i geffyl a lawr i eidon	Lleoliad delfrydol y preseb bwyd ar gyfer y ddau anifail. Mae gwar fwaog, uchel y ceffyl yn addas i fwyta o breseb uchel ond byddai hyn yn gwanhau cefn bustach tew.
Rhech dafad yn well na chachu ceffyl	Cymhariaeth o'r achles sydd yn dod i'r ddaear o'r ddau greadur.
Safan mochyn	Cyfeirio at gyflwr dafad pan fo'r ên isaf yn rhy bell yn ôl. (Saesneg: *undershot*.)

Sgoro	Y cynnydd yn y cylchoedd neu'r rhygnau ar gyrn buwch fel y mae'n heneiddio.
Sheldrem	Ar ôl torri'r ŷd â phladur, *sheldrem* fyddai'r swp o ŷd ar y llawr yn barod i'w rwymo'n ysgub.
Shiprys	Cymysgedd o wahanol rywogaethau o ŷd. Ceirch a barlys oedd y cyfuniad mwyaf arferol a heuid er mwyn cael cnwd cymysg.
Sodren	Y llawr y tu ôl i'r wâl lle saif traed y gwartheg ar ôl iddynt godi. Tua chwe modfedd o uchder yw'r sawdl rhwng y sodren a'r wâl. Rhed y sodren, sydd tua dwy i dair troedfedd o led, o un pen y beudy i'r llall gan oleddu rhywfaint at y gwter sy'n cario'r dŵr a'r biswail.
Sofol	Bonion yr ŷd ar ôl torri'r cnwd. Arferid troi'r anifeiliaid i fwyta'r sofl yn lân.
Stacan, sopyn, cogwrn, shwrlo a helem	Termau cynhaeaf llafur. Rhoddid pedair ysgub i bwyso'n erbyn ei gilydd i wneud *stacan*. Ar ôl iddynt sychu ac aeddfedu am tua phythefnos, cesglid y stacanau i *sopyn*; sopyn llaw neu *gogwrn* (oddeutu 15 o stacanau), neu sopyn pen-lin (oddeutu 20 o stacanau). Gyda'r sopyn penlin byddai un yn taflu'r ysgubau i fyny a'r llall yn sopynno. Os deuai diwrnod gwyntog, sych ar ôl pythefnos neu debyg, tynnid yr ysgubau o'r sopyn a'u gosod yn rhesi o ddwy yn erbyn ei gilydd er

mwyn i'r awel fain eu sychu. Gelwid hyn yn *shwrlo*. Cludid y cyfan i'r *helm* yn yr ydlan yn ddiddos erbyn y gaeaf.

Talcweth

Llygriad o'r gair 'talcwaith', sef y cyfnod o amser y disgwylid i wedd o geffylau aredig o'r bron. Byddai pâr o geffylau'n aredig talcweth yn y bore, dyweder, yna deuai amser cinio, ac fe aed â phâr ffres allan i aredig talcweth arall yn y prynhawn. Sonia Dic Jones yn 'Y Cynhaeaf' am y gweithwyr gynt, 'Yn cerdded tolciau ar ddiwyd dalcwaith'. Defnyddid y gair 'dala' yn yr un ystyr. Erddid 'dala' yn y bore, efallai, yna 'gillwn' (gollwng y gwaith) dros ginio, ac aredig 'dala' arall hyd at amser 'gillwn' am y dydd.

Tendo cradried

Bwydo, a phopeth sy'n gysylltiedig ag edrych ar ôl yr anifeiliaid. Daw'r gair *tendo* o'r Saesneg *attend to*. Ffurf dafodiaethol ar greaduriaid yw 'cradried'.

Torri pen claw'

Plygu gwrych.

Torri 'stode

Ysgwyd y gwair am y tro cyntaf ar ôl ei ladd, h.y. gwasgar yr ystodion *(swaths)*.

Towlu 'nghyd

Rhibnio gwair. Crafu'r gwair ynghyd yn resi yn barod i'r byrnwr.

Twey, twey neu trwy fach

Yr hyn a waeddir ar y gwartheg.

Wedi ca'l rhastal lawn

Graenus, yn ymddangos ei fod

	wedi cael digon o fwyd (dyn neu anifail).
Werthyd	Gwerthyd, *spindle* e.e. gwerthyd sy'n troi rhod ddŵr.
Whyn yw plant naturiol y ddaear	Er gwaethaf celfyddyd amaethu a mynych ailhadu, mae chwyn yn mynnu codi eu pen a goresgyn pob ymdrech i'w difa. Cydnabyddir bod chwyn yn dyfiant cwbl naturiol a defnyddir yr ymadrodd ar dro pan fo cnwd wedi methu neu yn graddol golli tir dros gyfnod o flynyddoedd.
Winshin	Mesur o ŷd yn amrywio yn ei bwysau yn ôl dwyster y grawn. Ceirch tua 40 pwys (18kg), barlys (haidd), 56 pwys (25kg). (Deillia o'r Saesneg *Winchester bushel*.)
Wisgon	Pentwr o lafur (ysgubau gan amlaf) neu goed wedi eu codi'n daclus.
Y da yn gyrru'n blyfied	Y gwartheg ar ras wyllt â'u cynffonnau fry pan fo Robin gyrrwr *(warble fly)* ar eu hôl.
Yn llosgi yn 'i grôn	Creadur mewn cyflwr da sy'n tu hwnt o ysbrydol a'i egni bron â bod yn drech nag ef. Caiff y dywediad ei briodoli i berson yn ogystal.

Mae gwneud caws ac ymenyn, gwaith a fu unwaith yn rhan flaenllaw o ddyletswyddau gwraig y fferm, wedi'u disodli bellach gan gyfleustra technoleg fodern ein ffatrïoedd. Rhestrir yma yr eirfa a gysylltid â'r gwaith.

Corddi

Y broses o wneud menyn drwy droi'r hufen yn y fuddai.

Bydde neu stond

Geiriau lleol am y fuddai gorddi *(butter churn)*. Math o gasgen bren wedi'i hamgylchynu â chylchau haearn oedd buddai. Tynnid y clawr i roi'r hufen ynddi ac yna i gasglu'r menyn pan fyddai'n barod. Gosodid y fuddai ar stand fawr gyda phedair coes a byddai handl i'w throi. Ceid hefyd 'tap' i arllwys y llaeth enwyn ohoni.

Buddai gorddi

Llaethdy

Ystafell wedi'i chodi 'gefen haul' fel rheol er mwyn cadw cynnyrch y fferm e.e. cig a llaeth, yn oer.

Menyn adle

Yr ymenyn a wnaed o laeth y buchod a fu'n pori'r adle (adladd: *aftermath*). Roedd o ansawdd arbennig oherwydd helaethrwydd meillion yn yr adladd.

Seperator

Y teclyn a ddefnyddid i wahanu llaeth a hufen. Byddai'n cael ei osod ynghlwm wrth fflagen o garreg (a elwid yn *fainc*) yn y llaethdy. Ceid dwy biben ar gyfer y gwahanu – y biben fawr ar gyfer y llaeth sgim. Defnyddid yr hufen ar gyfer gwneud menyn a'r llaeth ar gyfer gwneud caws.

Crochan bach/crochan mawr	Llestri pridd â'u tu mewn yn llyfn ar gyfer dal yr hufen o'r *seperator*. Byddai'r hufen yn mynd yn syth i'r crochan bach cyn cael ei drosglwyddo i'r crochan mawr yn y llaethdy bob dydd. Defnyddid pren trwchus, llyfn, gyda blaen fflat ar un ochr i droi'r hufen yn ddyddiol.
Padell garreg	Gosodid y badell garreg yn y llaethdy er mwyn gwahanu'r llaeth a'r hufen. Ynghanol y badell garreg roedd corcyn mawr, hir pren a elwid yn *stopper*. Codid y corcyn hwnnw'n araf er mwyn i'r llaeth sgim gael llifo drwy'r twll i'r shincen o dan y fainc. Arhosai'r hufen ar ôl yn y badell. Hwn oedd yr hen ddull o wahanu a ddefnyddid cyn bodolaeth y *seperator*.
Hilo	Y broses o hulio llaeth er mwyn sicrhau ei fod yn lân cyn ei osod yn y badell garreg. Defnyddid hidl *(sieve)* at y gwaith.
Crochano	Y weithred o lenwi crochan â menyn er mwyn ei werthu. Arferid crochano ym mis Hydref i sicrhau cyflenwad digonol dros y gaeaf.
Clapper	Gosodid twmpath o fenyn ar yr offeryn pren hwn a'i guro wrth ei droi o gwmpas er mwyn gwaredu mwy o laeth enwyn. 'Clapo' oedd yr enw ar y broses hon.

Scotch hands

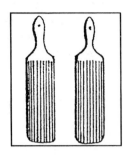

Dau declyn pren gyda rhygnau ynddynt. Fe'u defyddid i ffurfio'r menyn yn daclus ar gyfer ei werthu.

Scotch hands

Giler

Llestr pren ar ffurf twba bychan ar gyfer cyweirio ymenyn. Byddai handlen i'r teclyn.

Shincen

Padell â dwy glust bob ochr iddi i ddal y llaeth sgim o'r *seperator* cyn dechrau ar y broses o wneud caws.

Ffiol

Llestr tebyg i soser a ddefnyddid i dynnu drwy'r llaeth er mwyn gweld y colfran a'r maidd yn gwahanu. Codid y maidd allan wedi iddo lonyddu.

Maidd

Whey. Byddai rhai yn ei roi i'r moch.

Colfran

Y sopen a oedd yn weddill yn y badell ar ôl gosod cwyrdeb ar y llaeth. Fe'i defnyddid i wneud caws a'i roi o'r neilltu nes bod digon ohono i lanw cawsglys.

Cwyrdeb

Hylif a ddefnyddid i wahanu'r colfran a'r maidd. Fe'i prynid mewn poteli pridd, tua hanner galwyn ar y tro. Pan fyddai'r llaeth yn y badell wedi ei gynhesu i dymheredd arbennig, arllwysid llond llwy fwrdd o gwyrdeb iddo er mwyn iddo gawso (gwahanu'r colfran a'r maidd). (Saesneg: *rennet.*)

98

Cawsglys

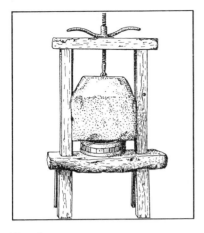

(ll. – cawsglysiau.) Bocs pren i gadw'r caws ar yr un ffurf â'r fuddai ond yn llai o faint. Gellid gostwng y clawr â wins i'r cawsglys.

Cawsglys a winsh

Winsh

Defnyddid winsh i wasgu'r caws er mwyn gwaredu pob diferyn o faidd. Gollyngid y winsh i lawr yn araf gan wasgu'r cyfan allan.

Un o feistri pennaf yr iaith gyhyrog sydd ynghlwm wrth y pridd yw'r prifardd John Roderick Rees, tyddynnwr o Ben-uwch. Cynhwysir yma dair telyneg o'i eiddo: 'Arddwr', 'Heuwr' a 'Medelwr' – y tair telyneg a enillodd iddo ei gadair eisteddfodol gyntaf, a hynny hanner canrif yn ôl yn Eisteddfod Tregroes dan feirniadaeth neb llai na'r diweddar Alun Cilie. Maent yn frith o dermau'r tir ac yn llathru â gloywder a chywreinrwydd yr iaith a glywid ar wefusau'r werin yn oes y ceffyl.

Arddwr

Ara' deg Darbi, gan bwyll Dic,
Y llencyn sydd wrth y llyw,
Hwn yw Cae Delyn, caregog a bas,
A'i bob modfedd yn ddaear fyw.

Hendaid it, Dai, a gerfiodd y grwn
O'r sidan benlas a'r grug,
Ac yn y deugeiniau newynog gynt
Bu bywyd yng ngronyn ei ryg.

Yma bu'th dad a'i dad o'i flaen
Yn arddu'n ddiddig a deir
Am waddol i breseb lle tair buwch
Ac ysgub i'w ffusto i'r ieir.

Cerdd, fy machgen, eu hytir hwy,
Rhwng deucorn dy arad fain,
Mae egni dy hil ers canrif a mwy
Yn fwrlwm ym mhridd y llain.

Heuwr

Teirllath o ergyd yn gyson, Dai,
Ac agor dy law bob tro:
Daw toreth nobl o geirch du bach
O'r braenar er tloted y fro.

Na omedd i'r frân nac i'r wylan wib
Eu degwm oesol hwy,
Daw'r tâl ar ei ganfed, gynhaeaf Duw
Eu braint yw byw ar dy blwy.

Mae'r cribau'n lwrdo o dan yr og -
Fe arddwyd yn fanwl a dwys -
Buan y daw'r atgyfodiad gwyrdd
Yn ei lifrai i gerdded y gwys.

Os teimli, ben talar, yn glynu'n dy draed
Y plwm sydd ym mhridd y wlad,
Cofia mai loes i'r arloeswyr gynt
Fai gweiniaid ymhlith eu had.

Medelwr

Mae'r brig o liw'r g'lomen, Dai, daeth y dydd,
Mae'r bladur ynghrog ar y mur,
Tacla y dyrnau, blonega'r rhip
Dod fflach y medelu'n y dur.

Ôl a gwrthol, llain trigwr yw hwn,
Ond mae'r fedel ar draws y byd,
Ac ni all y peiriant â'i freichiau mawr
Gofleidio rhyw gulrwn o ŷd.

Daw, fe ddaw'r nos olau'n y man,
A'r sgubau i sopyn llaw,
Caf dy ddysgu dithau i wneud rheffyn pen bys
Yn glo rhag y gwynt a'r glaw.

Caiff y gwartheg duon a'r ferlen driw
Welltyn a brig dan ddant;
Cawn gymynnu'r llain a ddiwylliodd 'Nhaid
Yn waraidd i ddwylo dy blant.

Y medelwr

Yn y gyntaf o'r tair telyneg, sonia'r bardd am y llencyn yn aredig Cae Delyn, enw cyffredin ar gaeau nifer o ffermydd, a hynny oherwydd eu siâp. Sylwer bod enwau'r ddau geffyl yn Seisnigaidd braidd – roedd hyn yn arferiad cyffredin yn y cyfnod hwn. Geilw'r ddaear yn 'ddaear fyw' sef y term am uchder o ddaear y tu ôl i wal adeilad. Rhydd dro i'r ystyr yma gan awgrymu bod y ddaear garegog a bas yn gofyn am ymdrech i ddal yr aradr ac yn ymladd yn ôl fel pe bai yn ddaear fyw.

Planhigyn gyda choes fer a blodyn crwn, glas, yn tyfu mewn daear fas (*shallow*) a diffaith yw'r 'sidan benlas', a bu'n gyffredin ar dir yr ymylon. Cyfeiria'r 'deugeiniau newynog' at y cyfnod o 1840-1850 ac mae'r *Hungry Forties* yn gyfnod adnabyddus pan ymfudodd nifer o bobl, llawer ohonynt o Sir Aberteifi, i'r Amerig ac i Ohio yn arbennig er mwyn ceisio ffoi o afael y tlodi. Rhyg, yn yr un pennill yw *rye* – cnwd daear gyffredin y medrid ei falu i wneud bara rhyg (a elwid yn 'bara du' gan y werin).

Sonia am genedlaethau'n dilyn ei gilydd i drin y tir ac mae arddu 'deir' yn golygu gwaith dwys, dyfal a phwyllog. 'Gwaddol' yw rhywbeth wrth gefn *(dowry)* a byddai 'lle tair buwch' yn nodweddiadol o leoedd bach y sir yn oes y ceffyl. Byddent yn 'ffusto'r ysgubau â ffust law i ryddhau peth o'r brig i'r ieir.

Ym mhennill olaf 'Arddwr' mae 'hytir' yn gyfuniad o 'hyd' a 'tir'. Term am arad geffyl ungwys yw 'arad fain'. Roedd erydr dwy gwys ar gael ar gyfer tri cheffyl ond nid ar dyddynnod Sir Aberteifi. Darn bach cul o dir yw 'llain'.

Ar ddechrau'r ail delyneg, 'Heuwr', cawn ddarlun o ŵr yn cerdded y cwysi i hau llafur. Byddai'n cario llywanen (llywionen) sef sach wedi ei hagor dros ei war ac o'i flaen i gario'r llafur-had. Yr amcan oedd bwrw teirllath o ergyd i wasgar yr had gan agor y llaw yn lle bod yr had yn disgyn yn swp yn yr unfan. Roedd yn rhaid sicrhau cysondeb dros dair llath o led. Ceirch du bach oedd fwyaf poblogaidd yn y sir er bod ceirch llwyd a cheirch gwyn yn cael eu hau hefyd. Tir wedi'i aredig a'i adael yn dir coch *(fallow)* yw 'braenar'.

Yn yr ail bennill, dywed nad oes gwrthod (gomedd) eu siâr i fod i'r frân, na'r wylan sy'n disgyn ar wib; mae ganddynt hawl oesol, tu hwnt i ddeddfau dyn. Mae'r gair 'degwm' yn fwriadol am ei fod yn ein hatgoffa o'r arfer o dalu degfed rhan o ffrwyth y tir i'r Eglwys Sefydledig ac mae 'byw ar dy blwy' yn briod-ddull trawiadol o gofio mai dyma'r term am y nawdd a roddid i'r tlodion yn y cyfnod hwn

'Fe arddwyd yn fanwl a dwys' yn ôl y bardd. Rhoddid pwyslais mawr ar aredig yn fân heb wagle rhwng y cwysi. Gwasgerid yr had dros wyneb y cwysi a deillia'r ddihareb 'amlaf ei gwys, amlaf ei ysgub' o'r arfer o aredig cwysi cul a chlòs, gan roi'r cyfle i gnwd toreithiog egino. Amlaf y cwysi, amlaf y rhestri cain. 'Cribau'r cwysi' yw brig y cwysi, a phan fyddent yn 'lwrdo' o dan ddannedd yr oged, byddent yn chwalu'n llwch mân. Ystyr 'lwrd' yw llwch. Yr 'atgyfodiad gwyrdd' fyddai'r egin ifanc a dyfai'n las yn rhigolau'r cwysi.

Wrth gloi'r ail delyneg, mae'r bardd yn annog yr heuwr i ddal ati er trymed y gwaith, gan ei fod yntau'n ddisgynnydd, neu'n had mewn ffordd o siarad, i'r cyndeidiau a fu'n arloesi. Yn ogystal â bod yn lluosog 'gwan', golyga 'gweiniaid' lafur-had ysgafn a chul ei ben *(grain)* nad oedd am gynhyrchu llawer; yn Saesneg y term am had o'r fath fyddai 'seconds'. Yma, mae ystyr deublyg i 'gweiniaid'.

Mae 'Medelwr' yn cyfannu'r drioleg o delynegion ac yn cwblhau'r broses o grynhoi'r ogor at y gaeaf. Torrid y ceirch pan fyddai o 'liw'r g'lomen' h.y. llwyd-las a chyn iddo aeddfedu'n llwyr. O'i adael i aeddfedu'n ormodol cyn ei dorri byddai'r brig yn rhyddhau o'r gwelltyn wrth drafod yr ysgubau a'r nod oedd ei gael i aeddfedu yn y stacan a'r sopyn. Oes y bladur oedd hi a gofelid bod y ddau 'ddwrn' pren ar goes y bladur yn dynn ac yn abl i ddal y straen. Yn y rhain y cydiai dwylaw'r medelwr. Sonia ail gwpled y pennill cyntaf am y gamp o hogi a fyddai, wrth reswm, yn hwyluso'r gwaith. Darn o bren tua throdfedd o hyd ar ffurf bat chwarae oedd y 'rhip', ac ar hwn y rhoddid y bloneg. Byddai'n rhaid cydio yn y rhip â'r bloneg arno ag un llaw a'i rhoi ar ben swnd (tywod) a ddelid mewn clwtyn yn y law arall fel bod y swnd yn cydio yn y bloneg yn barod at yr hogi. At wneuthur hynny rhoddid coes y bladur ar y ddaear gyda'r llafn dros yr ysgwydd, cydio yn ei blaen i'w sefydlogi ag un llaw a chyda'r llaw arall tynnu'r rhip bob yn ail ochr i'r llafn ar ei hyd. Fel rheol, defnyddid corn mawr buwch, gyda'i ganol yn wag i ddal y bloneg ac un arall ambell waith i ddal y swnd. Os oedd y swnd yn rhy fras (fel *gravel*) defnyddid morthwyl i'w guro'n fân. Meddai hen bennill:

Cael bloneg moch Cydweli
A swnd o Landyfân
A hogi'n amal, amal
I dorri'r gwair yn fân.

Byddai llafn y bladur ar ôl ei hogi yn fflachio yn yr haul a dyna'r darlun a gaiff ei gyfleu wrth ddweud: 'Dod fflach y medelu'n y dur.'

Golyga 'Ôl a gwrthol' fynd yn ôl ac ymlaen o dalar i dalar yn ogystal â swae'r bladur yn ôl a blaen wrth dorri 'lled' o lafur. Cyfeirir at 'Llain trigwr' sef darn o dir a olygai waith i dri gŵr i'w gwblhau mewn amser arbennig. Byddai'r tri, pob un â'i bladur, yn dilyn ei gilydd ac yn torri tua thair i bedair troedfedd yr un, h.y. tri 'lled'. Sonia'r bardd bod y fedel, sef gweithwyr y cynhaeaf a ddeuai ynghyd, wedi mynd bellach a bod caeau cul y tyddyn yn rhy gyfyng i'r peiriannau mawrion.

Y 'naw nos olau' yw'r enw ar y nosweithiau lloergan pan fo'r lleuad fedi *(harvest moon)* ar ei chryfaf ac arferid cymryd mantais o'r nosweithiau hyn i sopynno'r ysgubau. Sopyn llaw fyddai crynhoad o tua thrigain o ysgubau. 'Rheffyn pen bys' oedd rhaff a wneid drwy dynnu'r gwellt drwy un llaw a defnyddio bys o'r llaw arall i'w droi fel ei fod yn plethu. Defnyddid y rheffyn i glymu pen sopyn neu 'doi tas'.

Wrth gloi'r delyneg olaf, deallwn fod y cynhaeaf wedi ei gwblhau a phorthiant ar gael i'r gaseg a'r fuwch ddu Gymreig. Dywed y bardd y 'cawn gymynnu y tir y bu'n teidiau yn ei drin i'r cenedlaethau sydd i ddod. 'Cymynnu' yw gadael gwaddol *(to bequeath)* ac mae gwarineb a ffrwythlonder y darn o dir a lafuria'r garddwr, yr heuwr a'r medelwr yn arwydd, iddo ef, o barhad gwareiddiad.

Mae'r tair telyneg yn gofnod manwl a choeth o eirfa a ffordd o fyw a aeth i ddifancoll. Maent yn ddeunydd darllen diddorol i'r cyffredin a'r ysgolhaig; dylsent fod yn faes astudiaeth i'r henwr a'r efrydydd chweched dosbarth yn ein hysgolion. Mae cyfaredd yr hyn y maent yn ei gyfleu yn fythol-barhaol.

Stwff talcen slip
Rhigymau a phosau

Rhigymau

Mae'n bur debyg bod amrywiaethau o'r rhigymau hyn mewn amryw o ardaloedd. Gellid deall hynny, o ystyried mai rhan o lên gwerin ydynt.

Sigâr i segurwr
Sigarét i weithiwr

Sylw am y gwahaniaeth mewn arferion ysmygu dau ddosbarth cymdeithasol. Mae'n debygol mai'r cwpled cywir yw:

> Sigâr i ŵr segur iach
> A sigaréts i grotsiach.

Yr iach a gach y bore
Yr afiach a gach yr hwyr
Yr afiach a gach dipyn bach
A'r iach a gach yn llwyr

W'hech peth sy'n sychu'n whipyn,
Carreg no'th a gene meddwyn
Cawad Ebrill, tap heb gwrw
Llynwen haf a dagre gwidw

Steil ar ben stôl
a dim byd ar ôl

Rhywun sy'n hoffi dangos ei fod yn foethus ei fyd, ond arwynebol yn unig yw'r sioe – mae'r wir sefyllfa yn bur lwm.

Tri hyd heidden, un modfedd
Tair modfedd, un palfod
Tair palfod, un troedfedd
Tair troedfedd, un naid
Tair naid un grwn
Mil grwn o'r tir, un milltir

Fe ddaw eto haul ar fryn
Os na ddaw hade fe ddaw whyn

Fe ddaw pethau'n well yw neges y llinell gyntaf ond caiff y ddwy eu dweud yn yr ardal hon am iddynt gael eu hanfarwoli gan y diweddar Eirwyn Pontshân.

Ma' whysu wrth hogi
Yn well na whysu wrth dorri

Mae'n talu i gadw min ar yr erfyn i arbed bôn braich.

Fel'na ma hi a fyl'na fydd hi
Os na altrith hi

Ffair Santesau desog
Ffair Fartin gaglog

Cynhelir y gyntaf yn Llanybydder ar y cyntaf o Dachwedd (neu'r Sadwrn agosaf ato erbyn hyn) a'r ail dair wythnos yn ddiweddarach.

Sgadan Aber-porth
Dou fola ymhob corff

Fe adroddir hyn gan y gwerthwr sgadan. (Saesneg: *herring*.)

Mi a'th i'r dre i'r tra'th a'r mwg
Yn gymysg â 'marferion drwg

Sôn am rywun a aeth i'r ddinas fawr bell, a dim daioni wedi deillio o hynny.

'Redig ar rew a llynfu ar glaw
Sy'n hala'r ffarmwr â'i din i'r claw'

Y sawl a dorro nyth y dryw
Ni chaiff fyth weld wyneb Duw
Y sawl a dorro nyth y frân
Fe geith ddigon o gôd tân
Y sawl a dorro nyth y Robin
Fe geith gorco yn ei goffin
Y sawl a dorro nyth y wennol
Fe geith losgi yn dragwyddol

Coch a ddal ei olchi
Coch a ddal ei liw
Os gadewch chi coch yn llonydd
Bydd coch yn siŵr o fyw

'Sdim byd o dan y grug
Ma' arian dan y rhedyn
Mae aur ym môn yr eithin

(Ynganer 'aur' fel 'oer')

Peth meddal i'w meddwl
Yn enwedig i benbwl.

Rhyw ffarm'o rhyfedd sy' 'Nghymru
                 nawr
Wrth y ffermio unwaith fu,
Corden beinder a basic slag
A chrwtyn o Sais a chi

Derwenydd Morgan o Bencader yw awdur y pennill, ond caiff ei ddweud fel rhigwm a drosglwyddwyd ar lafar gan nifer o'r to hŷn wrth gyfeirio at y newidiadau enbyd yn nulliau ffermio. Hyd yn oed gyda'r newidiadau technolegol modern, daliant i ddweud yr un hen rigwm.

Trwy chwys dy grys cei fara
Trwy chwys dy dalcen cei gacen

Hiraf yr hirlwm o eira a rhew
Cynharaf daw'r oen a'r eid'on yn dew

Hanner call yw'r calla
Cwarter call wyt ti

Pec, pec, bola tynn
Bola gwag yn gweud dim

Bricen, bricen, bricen
Pwy sydd wedi rhechen?
Ti'r hen fochyn
Mas â ti

Fe gei di ergyd yn stapal dy ên
nes bod dy ddanne' di'n bilcorn
yn nhwll dy wddwg di, yn ddigon
mân i ddryw bach'i llyncu nhw

Arddull liwgar o fygwth rhoi cosfa
wrth anelu dwrn at rywun; ceir
mwy o elfen o'r dweud pert nag o
gasineb yn y gosodiad!

Ifan bach a finne
Yn mynd i ddŵr y môr
Ifan yn codi'i goese
A dweud fod dŵr yn ôr

Teilwr a'i slibwd yn cerdded yn glic
Fe gwrddodd â whanen a rhoes iddi gic
Fe gododd y whanen ar ei thrâd ôl
Fe redodd y teilwr a drychodd e'm nôl

Ar ei gefn mae cig yn rwmle
A thwll-i-din e miwn yn rh'wle

Disgrifiadau ffraeth o fochyn tew a
mochyn tenau a adroddir yn aml
wrth weld y naill neu'r llall.

Ar ei gefn 'does gig 'run bripsyn
A thwll-i-din e mas yn bigyn

Bys Bwtsyn, Twm Swglyn,
Long Harris, Jac Dafis,
Wil Bach.

Rhigwm a ddefnyddid i gyfrif bysedd gyda phlant bach.

'R un ôd â bys y nhrôd
A blwydd yn hŷn na nanne

Ateb cellweirus a roddir gan blentyn pan ofynnir beth yw ei oed.

Gan bwyll bach a bob yn dipyn
Ma' saco bys i din gwybedyn

Cwpled i ddynodi bod angen amynedd i gyflawni a chwblhau tasg.

Bwytewch a byddwch lawen
Can's 'fory ca'l 'i wared y byddwch.

Trefen iâr ddu
Dedwy mâs a chachu'n tŷ.

(dedwy = dodwy)

Un od yw'r dyn dierth, yntefe 'te nawr
Mae'n od os yw'n fach, mae'n od os yw'n fawr
Dyw'n debyg i neb o ddynion byw
Wel nadi wrth gwrs, dyn dierth yw.

Beti Bwt a âth i olchi
Ise dillad glân o'dd arni
Tra fu Bet yn ôl y sebon
A'th y dillad gyda'r afon.

Hyf gawl, fe sticith wrth dy ribs
A'th neud di'n gryf fel ceffyl.

Dacu, dacu, dewch mas o'r tŷ
I weld John Post ar gefen y ci

Y ci'n galapo, John yn cwmpo
Dacu, dacu, cewch 'nôl i'r tŷ.

Cachgi bwm yn taro rhech
A ninne'n chwech yn g'rondo
A chwech arall draw'n y cwm
Yn disgwl i'r bwm fynd heibo.

Llanwnnen lle llawn annwyd
Lle llwm am dân
Lle llawn am fwyd

Cyfeirir at blwyf Llanwnnen fel lle llwm am dân gan nad oedd yno gors fawn o gryn faintoli. Mawn oedd prif danwydd y tyddynwyr ganrif yn ôl. Byddai'n rhaid ei gludo i mewn i'r plwyf i ddiwallu'r angen.

Ma' chwech a chwech yn ddouddeg
A pump a phump yn ddeg.
Ma' cyfri i ddou ar hugen
Yn well na galw rheg

Rhigwm i rybuddio neu gynghori plentyn i bwyllo ac atal rhegi.

Isod ceir rhigymau a arferid eu hadrodd neu eu canu wrth gasglu calennig ar ddydd Calan

Dydd Calan yw hi heddiw
Rwy'n dyfod ar eich traws,
I mofyn am y geiniog
Neu doc o fara a chaws
O peidiwch a di-raenu
Na newid dim o'ch gwedd,
Cyn daw dydd calan eto
Bydd llawer yn y bedd.

Dydd Calan yw hi heddiw
Rwy'n dyfod ar eich traws,
I mofyn am y geiniog
Neu doc o fara a chaws
Mae'n well gen i ga'l ceiniog
I fynd i ffair New Inn
I brynu caws a fale
Nes bo' mola bach i'n dynn

(*New Inn* oedd yr hen enw ar Alltrodyn, Plwyf Llandysul)

Mi godais heddiw maes o'm tŷ
A'm cwd a'm pastwn gyda mi,
A'm gobaith wrth ddod ar eich traws
Yw llanw 'nghwd a bara chaws.

Calennig i fi, calennig i'r ffon
Calennig i fwyta'r hwyrnos hon.
Calennig i mam am gwyro sane
Calennig i 'nhad am aros gartre.

Blwyddyn Newydd dda i chi
Ac i bawb sydd yn y tŷ
Dyna yw'n dymuniad ni
Blwyddyn Newydd Dda.

Rhowch galennig yn galonnog
I'r un gwan sydd heb un geiniog,
Hynny rhowch, rhowch yn ddiddig,
Peidiwch grwgnach am ychydig.

Blwyddyn Newydd dda i chi
Ac i bawb sydd yn y tŷ
Codwch yn fore, cynnwch y tân
Cerwch i'r ffynnon i mofyn dŵr glân

Mae'r flwyddyn wedi mynd
Ni ddaw hi fyth yn ôl
Mae wedi mynd â llawer ffrind
Yn gynnes yn ei chôl/A'm gadael i ar ôl

Mi godes yn fore
Mi gynnes y tân
Mi redes i'r ffynnon i mofyn dŵr glân
Mi ferwes y tegil a chwbwl yn fuan
Er mwyn câl brecwast ar fore dydd Calan

Posau

Pren cam cwmws
Yn yr allt a dyfws
Y saer a'i naddws
A'r gof a'i cwplws.

Math o bôs i blant oedd y pennill
hwn. Cyfeiria at ddryll.

Draw, draw yn câ pys
Pedwar llygad a deugen bys

Pôs eto – gwraig feichiog sydd
yma.

Fe anwd plentyn yng Ngwm-ann
Odd e'm mab i'w dad na mab i'w fam
Ddim mab i Dduw na mab i ddyn
Ond plentyn perffeth fel pob un
Beth yw'r eglurhad?

Merch yw'r ateb.

Ar y bryn, yn y pant
Mae hen wraig yn magu'i phlant
Y plant yn marw 'rôl mynd yn hen
A'r hen wraig yn dala'n ifanc.

Coeden yw'r ateb.

Dwmbwr dambar lawr y stâr
Beth yw hynny yn Gwmrâg?

Chwarae ar y gair 'hynny' a wna'r
pôs hwn. Yr ateb yw 'mêl' *(Honey)*.

Milgi main, bolwyn brych
Llydan ei gefn ac ar ei wrych.
Ac wrthoch chi rwy'n dweud yn gynnes
Ac enw'r ci dair gwaith mi ddwedes.

Ateb: Ac (enw'r ci)

Naw hen ŵr a naw hen ŵr
A naw cot fowr am bob hen ŵr.
Naw poced ymhob cot,
Naw cath fowr ymhob poced
A naw cath fach ymhob cath fowr
Sawl cath sy 'na?

Pôs i ddysgu'r plant i luosogi.
131,220 yw'r ateb.

Ladi fach den, den
Bola carreg a chôs bren

Pôs, ac eirionen yw'r gwrthrych.

Ceiniog a cheiniog a hanner dwy
geiniog
A grot a phumceiniog a douswllt.
Faint o arian sy 'da fi?

Tri swllt yw'r ateb.
(36 o hen geiniogau; pedair ceiniog
yw grot.)

Beth sy'n mynd lan yn wyn
A dod lawr yn felyn?

Ateb: ŵy.

Beth gerddith i Lunden
Â'i wyneb nôl?

Oriawr ym mhoced wasgod.

Be sy'n mynd o bentre
I bentre i symud?

Heol.

Be sy'n rhedeg heb ddod o'i gwâl?

Afon.

Pwy anifail all groesi'r afon
heb lwchu trâd?

Ebol bach ym mola ei fam.

Pam ma' buwch yn dryflo?

Am ei bod hi'n methu poeri.

Pwy ochor i'r fuwch ma'
mwya' o flew?

Ochr fas.

Beth sy' mewn, be' sy mas
heb fod mewn a heb fod mas?

Ffenest.

Dwmbwr dambar lawr y shambar
Deg bys yn erbyn pedwar

Rhywun yn godro.

Dwy fraich, un glun
Bola fflat a thwll dîn

Megin (Saesneg: *bellows*.)

Pa mor bell all cwningen redeg
miwn i'r allt?

Hanner ffordd gan mai rhedeg
mas y bydd yn ei wneud wedyn.

O'r filltir sgwâr
Geiriau unigol, unigryw

Abo	Saesneg: *Offal*.
Achwyn	Bod yn sâl e.e. 'ers faint ydych chi wedi bod yn achwyn?'
Argol	'Ma' argol arni' – ymddangos yn feichiog.
Bagalabowt	Saesneg: *Astride*.
Barcer	Un sy'n cyweirio crwyn at wneud lledr. (Saesneg: *tanner*.) Sonnir am Simon y 'barcer' ym mhennod 10 Actau yn y Testament Newydd.
Bariwns	Math o glwyd fratiog neu gledrau a osodir ar draws bwlch i'w gau.
Becso	Gofidio, poeni.
Beiliheind	Beiliff fferm.
Beth wmbredd	Digonedd. 'Ma' beth wmbredd o grawel ar y coed leni, mae'n siŵr o fod yn aeaf caled.'
Bibus	Di-hwyl, cecrus.
Bigitian	Pryfocio cellweirus heb fod yn faleisus.
Bisto	Ci bach yw bisto, ond yn aml, caiff ei ddefnyddio fel enw i alw'r ci bach.

Blaco	Yr arfer o dduo'r wynebau a gwisgo lan adeg y Calan. Arferid mynd o dŷ i dŷ i ddymuno'n dda a hel calennig. Deil yr arfer o hyd ym mhlwyfi Llanwenog a Llandysul.
Boechen	Boechen crio neu weiddi; h.y. dolefain neu groch-lefain fel nadu oeraidd.
Bracso	Cerdded trwy ddŵr neu laid. (Saesneg: *to wade*.)
Breifad	Brefu oeraidd, tebyg i nadu asyn.
Bridj neu'r gŵr main	Enwau ar ddryll.
Bripsyn	Tamaid e.e. bwytaodd ei fwyd bob bripsyn.
Brogle	Cymysgedd o ddu a gwyn. Fe'i defnyddir i ddisgrifio gwlân defaid. Caiff ei gymhwyso at bobl hefyd. 'Dafad frogle' yn gyfystyr ag 'aderyn brith'.
Brôn	Y cig a geir o ferwi pen mochyn.
Browlan	Siarad, fel arfer yn aneglur.
Buwch a llo	Enw ar goffor mawr a choffor bach.
Bwa'r a'ch	Bwa'r arch: yr enfys.
Bwci-bo	Ysbryd.
Bwldagu	Hanner tagu, ambell waith wrth ynganu. 'Llarpiodd y crwt bach ei

fwyd ac wrth geisio siarad ar yr un pryd fe fwldagodd ar hanner ei ginio.'

Bwmbastan	Cam-drin e.e. dywedir am blentyn a godwyd dan amgylchiadau teuluol ansefydlog ei fod wedi'i 'fwmbastan o un i'r llall' drwy'i blentyndod.
Bygynad	Buwch yn brefu'n aflafar e.e. bu'r buchod yn bygynad drwy'r nos ar ôl diddyfnu'r lloi oddi-wrthynt.
Bywiawnyd	Ymestyn e.e. ymestyn ar ôl codi. (Saesneg: *to stretch*.)
Cader	Saesneg: *Udder*.
Cafflo	Mae ambell un yn arbenigwr am gafflo wrth chwarae chwist. (Saesneg: *to cheat*.)
Cagle, caglog (ansoddair)	Baw neu garthion ar gynffon neu gorff anifail.
Câl coten	Cael cosfa gan rywun.
Câl start	Cael braw, yn sydyn a dirybudd.
Cambwl	Y cymal mawr yng nghoes ôl mochyn.
Camdwll	Pan fo rhywun yn tagu wrth fwyta mae'r bwyd yn mynd i'r camdwll.
Camocs	Triciau. Yr un gair a ddefnyddir yn 'mabol-giamocs' – y gemau plant ar ffurf *It's a Knockout*.

Candis	Melysion; candysen yw'r unigol. (Saesneg: *sweets.*)
Carcus	Gofalus; rhybuddiai'r fam y plant i fod yn garcus wrth gerdded adref yn y tywyllwch.
Carde	Marciau a geir ar y coesau os eisteddir yn rhy hir o flaen tân.
Carlibwns	Disgrifiad o symudiadau swnllyd a lletchwith. Disgynnodd yr hen wraig garlibwns o ben y grisiau ac anafodd ei choes.
Cintachu	Cwyno, dim byd wrth ei fodd. Person cintachlyd yw un anfoddog, sy'n cwyno'n barhaus.
Carthbren	Rhaw fechan â choes hir iddi a ddefnyddid i lanhau swch yr aradr. Defnyddid hi hefyd i lanhau pridd o'r esgidiau cyn dod i'r tŷ o'r clos.
Clais claw'	Cwter neu rewyn agored (Saesneg: *ditch*) wedi ei chloddio ym môn y clawdd i arwain dŵr oddi ar wyneb y cae. 'Agor clais' neu 'gleisio' yw'r termau am wneuthur ffos o'r fath â chaib a rhaw.
Clebran	Siarad, cloncan. Mewn tyrfa ma'r 'cyfan yn gleber i gyd'.
Cledro	Curo neu ffustio e.e. cledro anifail â phastwn pan fo'n gwrthod symud. Hefyd 'Fe a'th hi'n gledro 'na' h.y. fe aeth yn ymladdfa â dyrnau.

Clindarddad	Sŵn mawr cf. garlibwns. Ysgydwai'r ffermwr fwcedi'r moch i'w denu at eu bwyd nes bod y lle'n clindarddad.
Clopa	Corun person. Gall fod yn glopa hoelen hefyd. Mae 'dim llawer yn y clopa' yn gyfystyr â 'dim llawer yn y pen'.
Clwbyn	Clipen, bonclust.
Clwriwns	'Eisteddodd glwriwns yn y stôl' h.y. disgyn yn swnllyd, ddi-drugaredd.
Cneifer	Cyllell fawr ar gyfer torri bara menyn.
Cnoia	Chwilio am gnau.
Cnotyn	Un rholyn o bapur wal.
Côb	Darn o haearn ar ffurf y lythyren U. Fe'i defnyddir i gyplysu dwy tsiaen neu ddwy *wire-rope*. (Saesneg: *D-shackle*.)
Cocso	Cymell, perswadio.
Coglis	Saesneg: *to tickle*.
Coleido	Cofleidio.
Combac	Fe'u gelwir hyn am bod yr enw'n efelychiad o sŵn yr aderyn. (Saesneg: *Guinea fowl*.)
Comopo	Dweud y drefn wrth rhywun. Mae plant y pentref yn cael eu ffordd

eu hunain yn rhy aml; mae angen i rywun roi 'comopad' dda iddyn nhw.

Conio

Cnoi yn ddyfal a di-dor.

Contreifo

Trefnu, cydgynllunio, o'r Saesneg *contrive*.

Copis

Balog. (Saesneg: *fly*.)

Corpws

Corff. Fe'i defnyddir wrth sôn am gorpws mawr person neu am gorpws marw anifail. (Saesneg: *carcass*.)

Coten

Cosfa.

Cowled

Coflaid – wedi cymryd gormod o gowled h.y. mwy o waith nag y gall gyflawni.

Crabi

Y rhan o'r ffon y cydir ynddi; *handle*. Yn aml llunnir ffon fugail gyda choes bren a 'chrabi' o gorn hwrdd.

Cripell

Cribell, copa bryncyn. (Saesneg: *ridge*.)

Crofen

Wyneb gwydn, caled i rywbeth e.e. crofen bara neu grofen caws (Saesneg: *crust*.)

Crugyn

a) Pentwr o wair neu ddom h.y. Tynnir y dom i lawr o gert yn grugiau ar y cae (Saesneg: *heap*); b) Crugyn o bobl h.y. twr, nifer o bobl. 'Roedd crugyn ryfedda o bobol wedi troi mas i'r angladd i

	ddangos eu parch tuag at yr ymadawedig'.
Cwcsog	Di-serch, edrych yn anfoddog. Dywedir bod 'golwg gwcsog' ar berson sy'n pwdu.
Cwff	Tolc.
Cwinten	Pren ysgafn a ddefnyddir mewn *high jump* neu a ddelir ar draws y ffordd i ddymuno'n dda i bâr ifanc ar ddydd eu priodas.
Cwmpo mas	Cyfieithad llythrennol o Saesneg: *to fall out*.
Cwrcwdo	Mynd ar ei gwrcwd. (Saesneg: *to crouch*.)
Cwt	Dywedir am fenyn sydd braidd yn hen ac yn dechrau suro fod 'bach o gwt 'dag e', h.y. blas cas y surni yn aros yn y geg ar ôl llyncu.
Cwtsh	Cwt. Gall fod yn 'cwtsh' dan stâr' neu 'cwtsh y ci'. Gwaeddir 'cwtsh' ar y ci fel gorchymyn iddo fynd i'w wâl neu i'w gwt.
Cwyrcs	O'r Saesneg *quirks*.
Cyhudd	Cysgodfan rhag yr haul e.e. 'Mae'r gwartheg yn y cyhudd o dan y coed'.
Cymenu	Twtio h.y. gwneud y lle'n gymen, ar gyfer ymwelwyr efallai.
Cymryd hansh	Saesneg: *to take a bite*.

Cynhebrwng	Angladd.
Cytshort	Cyson, unffurf (wrth ddisgrifio praidd o ddefaid, er enghraifft). Gall fod yn tarddu o'r ddau air 'cyd' a 'siort'.
Damsgen/damshel	Sathru dan draed. 'Mae'n ddigon hawdd damshel ar rywun sydd ar lawr – ei helpu fyddai orau.'
Dannod	Edliw. 'Does dim eisiau dannod yr hyn a ddigwyddodd ddeng mlynedd yn ôl bellach – mae'n hen hanes erbyn hyn.
Dansherus	Peryglus.
Danto	Ildio, wedi cael digon, e.e. wedi danto ar yr un hen waith o ddydd i ddydd. (Saesneg: *to give up*)
Dart	Llachar e.e. lliw neu olau. Gall yr haul fod yn dart ar ffenest car nes dallu'r gyrrwr.
Deche/dethe	Dethau, taclus. Dywedir bod dyn sy'n grefftwr da ac yn gallu troi ei law at unrhyw orchwyl yn berson dethe ac yn cadw'r lle yn ddethe, h.y. popeth yn ei le yn bleser i'r llygad ei weld.
Deir	Gwaith 'deir' – gwaith dyfal, dwys a phwyllog sy'n gofyn ymroddiad a dycnwch.
Didach	Gwastraffu amser wrth wneud gorchwyl yn lle bwrw ati o ddifrif. Cystwyir rhywun wrth ddweud 'Wnest ti ddim byd ond didach drwy'r bore'.

Diengyd	Dianc.
Digwnto	Diraddio person, hefyd ei anwybyddu a'i fychanu.
Diharpo	Gwaethygu yn ei olwg a di-raenu. Gall fod yn berson, yn ddilledyn neu'n adeilad.
Dim bripsyn ar ôl	Dim byd ar ôl.
Dim cewc	Dim sôn amdano. Er chwilio'n ddi-ben-draw 'doedd dim cewc amdano'n unman' fel pe bai wedi diflannu oddi ar wyneb y ddaear.
Dim gwarddat	Rhywun di-wardd. Mae'r to hŷn yn mynnu dweud ymhob oes bod 'dim gwarddat ar blant heddi' o gwbwl'.
Dim llefeleth	Dim syniad, dim amcan. Cofier am gwpled Dewi Emrys o 'Pwllderi'

Sda'r dinion taliedd fan co'n y
dre
Ddim un llefeleth mor wyllt
yw'r lle.

Dished o de	Cwpanaid o de. Dywedir wrth groesawu 'Dewch miwn i ga'l dished fach o de'.
Dishmoli	Dilorni neu sarhau rhywun.
Disymach	Di-sylw. 'Dyn gweddol disymach yw e', yn gwneud dim â neb ac heb unrhyw ddiddordeb.'
Diwel	Arllwys e.e. diwel te i gwpan neu ddiwel y glaw.
Drifil 'rych	Gwawn.

Dryflo; dryfyls	Glafoerio, glafoerion.
Dweud whits	Saesneg: *to tell jokes.*
Eil	Ystafell hirgul isel (ar ffurf *lean to*) yng nghefn y tŷ. Ambell waith ceid ail lawr iddi – Lofft 'reil fyddai honno.
Eryrod	Saesneg: *Shingles.*
Fan obry	Lawr fan draw.
Fel pwnsh	Disgrifiad o rywun sy'n gysurus.
Ffalwm	Saesneg: *Whitlow.*
Ffereta	Yr ystyr lythrennol yw'r arfer o ddefnyddio fferet i ddal cwningod. Yn drosiadol, golyga berson yn busnesa ac yn chwilio ma's am ateb i'r dirgelwch sy'n ei boeni.
Fflonsh	Dywedir bod ci bach ffel a hoffus yn fflonsh. Dywedir hefyd 'Ma' Mrs. Jones drws nesa' yn fflonsh ofnadw' heddi' h.y. yn or-serchog a hoffus a hynny'n wahanol i'r arfer.
Fforddus	Medrus. Fe'i ddefnyddir i ddisgrifio person sy'n hyfedr a rhwydd yn ei waith e.e. mae ambell wraig fferm yn gofalu am y tŷ ac yn cyflawni mân orchwylion ar y clos mewn dim o amser am ei bod yn 'fforddus yn ei gwaith.
Ffrit	Disgrifiad o rywbeth di-werth, di-bwys e.e. 'cyfarfod bach ffrit iawn odd 'na'.

Ffyrlincan	Cerdded yn herciog o ganlyniad i anaf.
Galibantan	Mynd oddi cartref, i blesera ran fynychaf. 'Ma'r groten ifanc ma'n galibantan i rywle bob nos yn lle aros adre i helpu tipyn o'i mam.'
Galosus	Saesneg: *braces*.
Gardis	Saesneg: *garters*.
Garetshyn	Moronen. 'Garetsh' yw'r lluosog.
Gillwn	a) Diferu, gollwng hylif. (Saesneg: *to leak*); b) gollwng gwaith am y tro (yn oes y ceffylau).
Glasdwn	'Glasddwr' ddylai'r gair fod, gan mai cymysgedd o laeth a dŵr yw ei ystyr. Llysenwyd tŷ un gŵr bonheddig a wnaeth geiniog go dda yn y fasnach laeth yn Llundain yn 'Plas y Glasdwn!'
Godre	Gwaelod.
Gofyny	Tir llethrog. Mae 'ar y gofyny' yn gyfystyr ag 'ar y rhiw'.
Gogyddio	Yr orchwyl o naddu rhygnau meini'r felin, h.y. eu gwneud yn fwy garw ar gyfer malu'r ŷd. Âi crefftwr o amgylch y melinau gynt i wneud y gwaith hyn. Amrywiaeth lafar yw gogyddio o'r gair 'cyfegyddio'.
Golchad	Dillad i'w/wedi eu golchi. Rhoddir yr olchad ar y lein i sychu.

Golchan	Dŵr golchi llestri. Arferid ei gadw a'i arllwys i'r ocsed h.y. pair y bwyd moch.
Golosg	Y sail lle bu tân e.e. wrth losgi eithin neu goediach.
Golwg ddyran	Di-raen (anifail neu berson).
Gored	Rhanniad yng ngwely'r afon i arwain rhan o'r dŵr i'r rhewyn a fyddai'n troi'r rhod. Gyrrid pyst i'r ddaear i ddal plethiad o wiail neu gerrig a chlots a fyddai'n ffurfio'r argae.
Gorest	Lle agored ac oer. Dywedir bod lle noeth yn orest a defnyddia Dic Jones y gair i ddisgrifio murddun o fferm:

> Orest oer yw ei storws.

Goriwaered	Tir yn goleddu am i lawr – cwymp neu ddisgyniad daear. Mae mynd i lawr y goriwaered yn gyfystyr â mynd i lawr rhiw.
Gwachlud	Y weithred o symud rhan neu fan dolurus o'r corff pan gaiff ei gyffwrdd gan ei fod yn boenus. Gall person a anafodd ei droed fod yn 'gwachlud' y droed wrth gerdded. Pan fo buwch, er enghraifft, yn gloff, gwesgir y goes a'r droed mewn gwahanol fannau nes ei bod yn 'gwachlud' – dyna'r unig ffordd i ddod o hyd i'r man drwg.

Gwaddan (lluosog: gwandde)	Gwadn yr esgid. Gall hefyd olygu haenen o gardbord neu ddefnydd arall a roir yn yn yr esgid pan fo honno'n rhy fawr i'r droed.
Gwagar	Rhidyll. Mae 'gwagru' yn gyfystyr â rhidyllo.
Gwanddu	Y weithred o atgyweirio'r pren ('stwffwl' ar lafar) sydd ar waelod drws am ei fod wedi pydru gyda'r ddaear. Yr arfer yw rhoi pren newydd o'r llawr am tua throedfedd i fyny i gwrdd â'r hen bren a chyplysu'r ddau.
Gwichal	Sgrechian.
Gwyngalchu	Rhoi cot o galch (ar ôl ei gymysgu â dŵr) ar waliau'r tai allan e.e. y beudy a'r ysgubor. Arferid gwyngalchu'r tai byw hefyd.
Halibalw	Tipyn o ffws a ffair. Egyr Jacob Davies un o'i ddarnau drwy ddweud Mae'n halibalŵ yn tŷ ni h.y. mae 'na le ryfedda.
Halio	Cario neu symud rywbeth. Defnyddir y gair yn arbennig os yw'n orchwyl drom. Efallai ei fod yn deillio o'r Saesneg *haul* a *haulier*.
Helger/haliwns	Tipyn o ffws a ffwdan. Creu llawer o waith, a hynny'n ddiangen gan amlaf. Wrth sôn am ffermwr sy'n rhedeg dwy neu dair fferm ac yn methu dod i ben â'r gwaith dywedir bod 'llawer gormod o

haliwns ganddo, byddai'n well iddo fyw ar lai a chael llai o helger o lawer'.

Hiddil	Hidl. (Saesneg: *strainer* neu *filter*.)
Hocan	Bargeinio'n galed (ynglŷn â phris rywbeth). Ym myd amaeth ceir tipyn o 'hocan' wrth werthu anifeiliaid.
Holwyddoreg	Arholiad yr Ysgol Sul.
Hysio	Annog ci i symud gwartheg drwy weiddi 'hys' arno.
Hywedd	Dof, hawdd i'w drin. Caiff ei ddweud wrth sôn am fuwch neu geffyl yn arbennig.
Iawnyd	Ymestyn neu unioni rhywbeth.
Jacoise	Arferid cael rasus ar jacoise mewn mabolgampau lleol 'slawer dydd. (Saesneg: *stilts*.)
Jacôs	Cysurus e.e. person jacôs neu griw jacôs o bobl.
Jimo/pinco	Coluro. Mae ambell groten yn treulio tipyn o amser yn 'jimo' cyn mynd mas i ddawns ar nos Sadwrn, ac ambell un fel dywed y cwpled â

Digon o baent i beintio'r Queen Mary.
A digon o bowdwr i'w hwthu hi lan!

Jolop	Dos dda e.e. wrth gyfeirio at wirodydd neu 'cafodd y cae jolop dda o wrtaith nes bod y borfa'n tasgu lan'.

Lapan	Clebran. Ma' ambell hen fenyw yn lapan llawer gormod, a hynny'n 'lap wast' gan amlaf.
Lapswchan	Saesneg: *to snog.*
Lasog	Saesneg: *gizzard* mewn aderyn.
Leua	Gwastraffu amser i gloncan, e.e. wnath e ddim byd ond leua drwy'r prynhawn.
Lingran	Gwastraffu amser, hongian ymlaen. Daw o'r Saesneg *to linger.*
Llafrogedd	Afrosgo, lletchwith, difywyd – caiff ei ddweud am berson, neu am lo newydd-anedig.
Lletwad	Llwy bren fawr i godi cawl. (Saesneg: *ladle.*)
Lloglog	Person hir ei goes a lletchwith yr olwg. Gall anifail fod yn lloglog hefyd.
Llondred	Llond plât neu ddysgl orlawn. Ambell dro bydd plentyn yn codi gormod o londred o gawl ac yn methu bwyta'r cyfan.
Llyfedu	Anadlu yn eithriadol o gyflym. Dywedir am anifail gan amlaf e.e. 'roedd y ci yn llyfedu yn y tywydd twym â'i dafod mas draw.'
Llyffether	Llyffethair neu hual sef teclyn a roir am wddf dafad i'w hatal rhag gwthio drwy dwll yn y clawdd. Rhoir 'llyffether' am drwyn llo hefyd i'w atal rhag sugno.

Llynwen	Pwll o ddŵr. Dŵr yn sefyll mewn pantle ar ôl glaw trwm.
Lowset	Twll mewn wal sydd gyda drws bach arno. Fe'i defnyddid i gysylltu dwy ystafell. Mewn ffermdai, gellid porthi anifail drwyddo gan arbed mynd i mewn i'r sied ato. Gan amlaf, mesurai tua throedfedd sgwâr, ar yr un ffurf â'r *hatch* fodern.
'Lys	Ffurf fer ar y gair 'lodes'. 'Dere 'mlan 'lys'.
Magneitha	Cecru neu bryfocio hyd at syrffed – person magneithlyd.
Mamplis	Saesneg: *mantlepiece*.
Marce	Oddeutu e.e. "marce deg o'r gloch'.
Masgal	Plisgyn e.e. plisgyn ŵy. Masglo yw'r weithred o dynnu'r plisgyn i ffwrdd.
Matryd	Dadwisgo.
Mewn pewcad, mewn shiffad	Mewn eiliad, neu ar unwaith, e.e. 'fuodd e ddim pewcad yn cwblhau'r gwaith'.
Mewn picil	Mewn sefyllfa argyfyngus, mewn trwbwl.
Mitsho	Saesneg: *to play truant*.
Moelyd	e.e. 'moelyd y cart'. Dail yn moelyd yw dail yn cael eu chwythu wyneb i waered. (Saesneg: *overturn*.)

Morterog	Stecsog, llawer o bwdel e.e. mae'n ddiwrnod morterog ar ôl llawer o law.
Moshwns	Gwneud ystumiau.
Mwg tato	Term gwawdus i fychanu rhywbeth, cystal â dweud, 'dyw hynna'n ddim byd gwerth sôn amdano'.
Mwlsyn	Ci wedi'i sbaddu.
'N clo	Yn ôl yr hyn a glywes. Wrth ddweud rhywbeth tebyg i 'Mae'r Sais drws nesa' wedi symud 'nôl i Loegr r'wle', yr ateb gan berson a glywodd y stori'n barod fyddai 'Odi'n clo'.
Nawr o lweth	Nawr ac yn y man. 'Odi chi'n mynd 'na'n amal?' 'O, dim ond nawr a lweth erbyn hyn.'
'Nghafel	Daw o'r gair 'gafael' ond golyga ymhél â rhywun a hynny o safbwynt ymyrraeth rywiol gan amlaf.
Nogin	Cyfeirio at fesur o wirod. (Saesneg: *tot*) e.e. pan fo rhywun yn cymell ei ffrind i'w ymuno i gael glasied yn y dafarn, dywedir: 'Dere i gael un nogin bach cyn mynd adre'.
Oboiti	Y gwas bach oedd yn arfer gwneud ryw fân orchwylion oboiti'r clôs. (Saesneg: a*bout*.)
Pade	Llysenw ar draed. Dywedir er enghraifft 'symud dy hen bade mowr o'r ffordd'.

Pannu	Deunydd (gwlanen yn wreiddiol) yn 'tynnu at 'i gilydd' h.y. crebachu e.e. siwmper wlân ar ôl ei golchi. (Saesneg: *to crimp*.)
Panso	Ymdrechu i wneud rhywbeth yn dda a graenus e.e. ffermwr yn panso i aredig yn grefftus mewn ymryson neu blentyn yn panso ysgrifennu'n gywrain mewn arholiad. (Saesneg: *meticulous*.)
Parablu	Siarad yn ddi-daw. Dywedir bod rhywun yn parablu fel pwll tro.
Penefer	Rhywun hanner call a dwl e.e. 'Rhyw greadur penefer fuodd e' 'riod ac mae dros ei ben mewn trwbwl 'to'.
Pibo	Dolur rhydd. (Saesneg: *diarrhoea*.)
Piffgi	Saesneg: *bumble bee*.
Pilyn	Dilledyn.
Pingo	Hongian yn doreithiog e.e. sypiau o ffrwyth ar goeden.
Pipo	Edrych, cewco; e.e. pipo drwy dwll y clo i weld beth sydd yn y tŷ.
Plwmp	Twll sy'n ddigon mawr i ddyn ddisgyn iddo. Fe'i cloddid i dynnu dŵr tardd i'r wyneb. Y gamp oedd cloddio i'r union fan yn y ddaear lle'r oedd y ffynnon gryfaf. Yn aml gosodid pwmp llaw ar yr wyneb uwch y tarddiant i bwmpio'r dŵr i fyny. Lleolid y plwmp yn aml ar glos fferm.

Plwmpo	Yr arfer o bleidleisio dros un ymgeisydd yn unig mewn etholiad lleol er bod cyfle i ethol nifer i lenwi'r seddau angenrheidiol. Pwrpas y dacteg yw i sicrhau mantais i'r ffefryn a gofalu nad yw un o'r lleill yn elwa o'r pleidleisio.
Pwdlacs	Pwdel, baw, yn enwedig ym mwlch cae lle mae anifeiliaid wedi bod yn stablad.
Pwdwr	Dioglyd. 'Pwdryn' yw person diog. Gelwir diwrnod trymaidd, pan fo pawb yn teimlo'n llesg yn ddiwrnod pwdwr hefyd.
Pwêr	Llawer neu droeon. 'Rwy'n mynd yno bwêr' h.y. ar aml dro.
Pynfarch	Y rhewyn sy'n arwain dŵr o'r afon tua'r rhod. Byddai cafn pren yn cario'r dŵr dros y rhod fel bo'n disgyn i'r llwyau ac yn peri iddi droi. Yn yr oes a fu, hwn fyddai'r pŵer i'r mwyafrif o'r diwydiannau gwledig fel y ffermydd, y melinau gwlân a'r melinau blawd.
Radl	Saesneg: *rattle*. Arferid ei phlethu o ddrysni wedi eu hollti â gwellt gwenith a rhoi cachgi bwm byw i mewn ynddi!'
Randibw	Llawer o sŵn a helynt. 'Daeth haid o hipis i gynnal ryw *rave* tu allan i'r pentre 'co ac roedd 'na randibw ryfedda hyd oriau mân y bore.'
Rapscaliwns	Criw o bobl (ifanc gan amlaf) di-wardd a drygionus. Gan amlaf maent yn swnllyd ac yn creu

anrhefn. 'Crynhodd haid o rapscaliwns ifanc ar gornel y stryd gan argoeli fod cythrwbl i ddilyn.'

Rebestela	Gwastraffu amser neu gwneud dim byd e.e. 'Fe alwodd trafeilwr 'co y bore 'ma a wnaethom ni ddim byd ond rebestela, roedd rhaid rhedeg wedyn i ddal lan â'r gwaith.'
Rhaflo	Datod, e.e. dillad yn rhaflo ac yn mynd yn garpiog. (Saesneg: *to unravel.*)
Rhathellu	Crafu'n galed neu ysgrafellu, e.e. rhathellu carn troed ceffyl.
Rhawde	'Yn rhawde' – yn niferus, yn dorf e.e. 'Roedden wedi dod yn rhawde o bobman i'r gêm.'
Rhawlech	Darn o bren tenau o'r un ffurf â phen rhaw a ddefnyddid i weithio bara ceirch.
Rhico	Brolio (Saesneg: *to boast*). Dywedir mai tipyn o 'ricings' sydd eisiau ar rywun er mwyn ei blesio.
Rhipyn	Rhiw fach. 'Mae'r eglwys ar ben rhipyn bach serth' h.y. ar uwch tir.
Rhug	Saesneg: *hiccups.*
Rhwgwn	Archoll neu doriad dwfn a wnaethpwyd gan draul erydu cyson. 'Roedd rhwgne dwfn lle bu'r tractor yn teithio drwy'r cae gydol y gaeaf.'

Rhwmle	Twmpathau neu haenau, e.e. cig yn rwmle ar greadur tew.
Roch	Disgrifiad o'r poethni neu'r chwerwder mewn diod neu gyffaith. Dywedir am lasaid o wirod cryf sy'n twymo'r cylla fod 'tipyn o roch' ynddo. Yn yr un modd mae 'roch' mewn *chutney* sydd â sbeisys ynddo yn poethi'r llwnc.
Rowndabowt	Bob amser e.e. 'mae'n mynnu gwneud yr un peth rowndabowt, 'sdim newid ar ei ffordd hi i ga'l'.
Sâm	Bloneg, saim h.y. y gwêr o anifeiliaid tew. Cedwid sâm mochyn a sâm gwyddau yn arbennig ar gyfer iro. Arferid rhwbio sâm mochyn ar wddf tost a sâm gwyddau ar chwyddi'n y cymalau.
Sbante	Saesneg: *cuffs*.
Sbeng	Gwawd; gwneud sbeng ar ben rhywun.
Sbilsen	Papur sydd wedi'i droi'n rholyn main, chwe i wyth modfedd o hyd. Fe'i ddefnyddid i gynnu rywbeth, e.e. rhoi blaen y sbilsen yn y tân i gael fflam i gynnu pib.
Sboner	Saesneg: *boyfriend*.
Sborioni bwyd	Gadael bwyd ar ôl.
Sbwdyn	Pwtyn byr. Gall gyfeirio at goes neu fraich rhywun, cynffon anifail neu ddarn o bren.

Scrwb	Tyndra a phoen yn y cyhyrau ar ôl ymarfer corff anarferol e.e. ar ôl gêm bêl-droed neu ar ôl diwrnod o blygu i godi tatws.
Seso	Hir syllu e.e. wrth anelu at darged i'w saethu.
Sgaprwth	Garw. Gall gyfeirio at anifail sgaprwth h.y. gwyllt a di-wardd neu berson o'r un anian (yn enwedig dynes!) neu ddiwrnod sgaprwth h.y. tywydd ysgeler.
Sgegan	Bloeddio'n aflafar a phrotestgar; tebyg i nadu. 'Roedd y bachgen bach yn sgegan ar dop ei lais am nad oedd am fynd i'r ysgol.'
Sgwlcan	Cymryd rhywbeth ar y slei e.e. plentyn yn sleifio i ddwyn cacen o'r cwpwrdd. Mae sgwlc bob amser yn flasus.
Sgymun	cf. chwimwth.
Sgyrlwgach	Gwingo'n afreolus ac anesmwyth.
Sgyrnigo	Strancio dan brotest.
Shapo lan	Brysio. 'Shapa'i lan gwd boi ne' fe golli di'r bws.'
Shesbin	Saesneg: *shoe lifft*.
Shibwns	Saesneg: *shallots*.
Shigad	Ysgwydad. Person wedi cael ei sigo e.e. 'fe gafodd dipyn o shigad wrth glywed y newyddion drwg am farwolaeth ei fam.'

Shigwdad	Ysgwydad fwriadol e.e. i blentyn sy'n camfihafio – 'Mentra di ddwgid 'fale o ardd y 'ffeirad 'to ac fe gei di shigwdad i gofio!'
Shinachad/shibwchan	Torri yn ddi-raen â siswrn neu gryman.
Shincin	Bara te.
Shlwtshog, slachdar	Gwlyb, stecsog o dan draed. Pan fo'n bwrw eirlaw mae'n ddiwrnod slwtshog.
Shompol	Ofnadwy o wael e.e. tywydd shompol neu anifail mewn cyflwr shompol (tenau a di-raen).
Silfoch	Ceudod y moch.
Slimyn bacwn	Ystlum. (Saesneg: *bat*.)
Smoneth	Llanast 'gwneud smoneth o bethe'.
Sothach	Rhywbeth di-werth, is-raddol, ansafonol. Mae'n duedd gennym hefyd i fwyta gormod o 'sothach' yn lle bwyd iach, maethlon.
Stablad/stabaldeinad	Troi o amgylch yn yr unfan. Byddai stabaldeinad yn fwy swnllyd na stablad.
Stapal yr ên	Rhan isaf yr ên. Pan fydd dau'n paratoi i ymladd, clywir y bygythion 'Fe gei di ergyd yn stapal dy ên nes dy fod di'n canu!'
Sticil	Camfa.

Stilian	Offeryn i bwyso nwyddau o unrhyw fath neu hyd yn oed ŵyn. Mae bachyn arni i ddal yr hyn a bwysir a wyneb (*dial*) i arddangos y pwysau.
Straffaglu	Ymdrechu'n galed a hynny mewn ffordd drafferthus heb ennill llawer o dir e.e. straffaglu byw.
Stranco	Mynd yn ystyfnig a phrotestio e.e. 'Roedd y plentyn yn stranco ddim eisiau mynd i'r gwely'n gynnar.'
Stresol	Yn brysur iawn, dim amser i unrhywbeth. 'Ma' golwg stresol arna' ti heddi.' h.y. golwg mynd trwy waith.
Styl	Bob amser, o hyd. 'Mynd i Lambed i siopa rwy'n ei wneud styl, mae cymaint yn fwy cyfleus na'r trefi mawr.'
Swmran	Pendwmpian. Roedd yr henwr yn swmran cysgu o flaen y tân.
Tablen	Cwrw. 'Fuodd e' ar y dablen drwy'r dydd nes ei fod e'n feddw dwll, ac yn mesur yr hewl ar y ffordd adre.'
Tampan	Yn grac iawn. Roedd y fam yn tampan pan ddaeth y crwt adref a'i drowser newydd sbon wedi'i rwygo.'
Târ	Yn daer e.e. roedd y defaid yn dâr yn chwilio twll yn y clawdd i dorri'i fewn i'r borfa ffres yn y cae nesaf.

Tarugo	Saesneg: *to irritate* (croen yn unig).
Teilwr Llundain	Nico Goldfinch
Te padi	Rhoi dail te yn y cwpan ac arllwys dŵr arno.
Tilt	Pabell gwrw.
Toili	Gweld toili – gweld drychiolaeth ar ffurf angladd ysbrydol. Ystyrid hyn gynt fel rhagarwydd o farwolaeth. 'Cyhyraeth' yw'r gair clasurol amdano.
Tolio	Arbed neu gynilo yn yr un ystyr â 'Yng ngenau'r sach mae cynilo'r blawd'.
Tracht	Gofynnir 'Gymerwch chi dracht o rywbeth i'w yfed'? (Saesneg: *a sip*.)
Trangwns	Offer, creiriau a mân bethau wedi'u crynhoi ac yn creu annibendod. Cesglid holl drangwns y blynyddoedd er mwyn eu gwerthu fel sgrap ar ddiwrnod arwerthiant y fferm.
Trenshwrn	Math o blât pren ar gyfer bwyta tato neu gawl.
Trontol	Clust cwpan. Mae ambell un yn 'lico'r drontol' h.y. yn hoff o'i beint.
Trugo	Mae'n golygu marw yn hytrach na byw! (Dim ond anifail sy'n trugo gyda llaw.)

Trwco	Cyfnewid. (Saesneg: *to swop*.) Daw'r gair yn wreiddiol o'r Ffrangeg *troquer* sydd â'r un ystyr iddo. Ar un adeg câi gweithwyr diwydiannol de Cymru ran o'u cyflogau ar ffurf nwyddau o siopau a elwid yn *truck shops*. Arferai ffermwyr 'drwco' hyrddod er mwyn eu defnyddio ar eu mamogiaid. Byddai hyn yn arbed prynu hwrdd newydd bob blwyddyn ac yn dod â llinach newydd o waed i'r ddiadell.
Tryfer	Fforch deirpig i drywanu pysgod.
Twndis	Twmffat. (Saesneg: *funnel*.)
Twrw, lluosog tyrfe	Taranau.
Wablin	Wablin chwys neu wablin sebon. (Saesneg: *froth*.)
Warblat	Y pren ble mae'r wal a'r to sinc yn cyfarfod.
Wban	Ci'n udo neu berson yn llefain. Yn ôl yr hen goel, mae clywed ci'n wban ganol nos yn arwydd o farwolaeth yn y gymdogaeth.
Wedi laru	Wedi hen flino; wedi cael llond bol e.e. wedi hen laru ar glywed y darlithydd yn palu 'mlaen mor sych ac anniddorol.
Wejen	Saesneg: *girlfriend*.
Wep	Yr olwg ar yr wyneb. Os yw'n ddiflas dywedir 'Ma'i wep e'n hir'.

140

Wharlingo	Cwarlingo. Y sŵn a'r symudiadau ym mherferddion cloc wrth i'r sbring ryddhau cyn taro. Defnyddiodd T.J. Davies *Gwarlingo* yn deitl i lyfr o ysgrifau gan ei egluro fel 'paratoi at awr y taro'. Disgrifia D.J Williams fechgyn Pwll yr Onnen yn chwerthin 'fel petai sbring fawr enaid pob un ohonynt yn cyflym wareingo i'r gwaelod'.
Whem	Mympwy, chwilen yn y pen e.e. 'Mae ryw whem wedi codi yn ei ben i 'neud y peth a'r peth.' Gall fod yn dod o'r Saesneg *whim*.
Whilibawan	Dim ond whilibawan drwy'r dydd yn hytrach na gweithio. (Saesneg: *to hesitate, to hang about*.)
Whimbil	Y croen slac yng nghydiad y croen a'r ewin ar fysedd y llaw.
Whirell, clipen	Ergyd â'r dwrn neu fonclust. Dywedir am grwtyn anystywallt 'Ma ise whirell yn bôn 'i glust arno fe'.
Whirligwgan Dai dwl	Teclyn neu degan i blentyn, sy'n troi'n gyflym gan wneud sŵn chwyrlïo.
Whiwgi	Cryman â choes hir i dorri drysni.
Windrew	Ewin-rew e.e. windrew yn cydio'n y bysedd ar fore barugog neu rewllyd. (Saesneg: *frostbite*.)
Wimben	Pren croes yn cysylltu dwy geibren mewn tŷ, h.y. y trawst croes sy'n gwneud triawd cwpwl tŷ.

Winfedd	Daw o'r ddau air 'ewin' a 'medd' (mesur, fel mewn modfedd). Mae'n debyg i 'ewinfedd' olygu mesur o ddwy fodfedd a hanner (6.5cm) yn ogystal yn yr hen amser.
Ychrys	Ysgryd, ias. 'A'th ychrys ôr lawr asgwrn fy nghefn i yn fy ofan.' (Saesneg: *shiver*.)
Yn blanc	Yn gyson, yn ddi-dor. 'Mae'r car 'ma'n mynnu torri lawr yn blanc o hyd, does dim amdani ond mynnu un newydd.' Fe'i defnyddir yn ogystal yn yr ystyr fod y cyfan yn mynd yn dywyll; 'Pan weles i'r papur arholiad fe a'th y cyfan yn blanc arna i ar unwaith.'

Amrywia ynganiad geiriau o ardal i ardal. Dyma'r nodweddion amlycaf ym mhlwyfi Llanwenog, Llandysul, Llanwnnen a rhan o Lanarth, Dihewyd a Llandysilio:

1. Seinir geiriau unigol sy'n cynnwys 'u' fel 'y', er enghraifft:

hufen	hyfen
sgubor	sgybor
trigo	trygo
udo	ydo
llusgo	llysgo
tunnell	tynnell
clust	clyst
pump	pymp

2. Newidir 'eu' i 'oi', er enghraifft:

beudy	boidi
treulio	troilo
deuddeg	douddeg

3. Collir y llythren 'ch' ar ddechrau geiriau ac fe'i newidir i 'wh':

chwap	'whap
chwerthin	'wherthin
chwalu	'whalu
chwiban	'whiban
chwilio	'whilo
chwythu	'whythu
chwysu	'whysu
chwaer	'whar

4. Y mae seingoll yn nodwedd amlwg yn nhafodiaith yr ardal dan sylw. Collir y sain 'dd' ac yn ôl David Thorne a Christine Jones, mae hyn yn nodwedd o iaith lafar gogledd Caerfyrddin a Phenfro hefyd:

dannedd	danne'
gilydd	gily'
angladd	angla'
edafedd	dafe'
newydd	newy'
celwydd	celwy'
clawdd	claw'
tachwedd	tachwe'
ymladd	wmla'

5. Newidir llafariaid:

cadair	cader
cesail	cesel
cesair	ceser
cymaint	cyment
mantais	mantes
taflu	towlu
milain	milen
ysgafn	ysgon
pur	piwr
cawod	cawad
ceulan	coulan

6. Symleiddir cymalau cytseinol ar ddiwedd gair:

cefn	cefen
cafn	cafan
egr	eger
sugn	sugun

143

7. Enghreifftiau eraill o amrywio'r ynganu:

ymolchi	molchid
mofyn	m'oyn
ciaidd	ciedd
llyfnu	llynfu
uban	wban
cerdded	cer'ed
cywir	cowir
haul	hoil
lleuad	lloiad
taeru	teiri
traed	trâd
edrych	drychid
drudwy	drudwns
ysgryd	ychrys
gwingo	gwingad
rhugl	rhigil
esgidiau	'sgidje
rhwng	rhwnt
taradr	tarad
gwialen	'ialen
creaduriaid	cradried
pythefnos	pythownos
wyneb	wmed
sbarion	sbariwns

Y dweud pert
Disgrifiadau anghyffredin

Ar sgiwiff — Yn goleddu'n gas (Saesneg: *slanting.*)

Bagal-wingad — Bwrw bant ar hast.

Cach rwsh
Cachu drwy gwilsen
Dolur rhydd — *Diarrhoea* (cwilsen yw plufen fras o aden gŵydd).

Caton pawb
Yffach gols
Mowredd annwl
Diawl eriod
Myn jagwst i — Ebychiadau neu eiriau llanw i fynegi syndod neu anghrediniaeth.

Cawdel gwyllt/cawdel hela — Cymysgedd, cawl, di-drefn; i eithafion felly.

Codi pwyse — Weindio'r cloc, gan gyfeirio at yr orchwyl o godi'r plwmenni. (Saesneg: *weights.*)

Cr'adur sgaprwth — Unigolyn (fel arfer menyw) neu anifail dienaid neu arw ei ffordd.

Crenshan danne' — Saesneg: *To grind one's teeth.*

Cyn pen cachad blac — Ar fyr dro.

Dan sac — Llawn e.e. neuadd.

Didoreth post — Ni ellir dibynnu arno, anwadal.

Diened post — Anghyfrifol, mynd yn ei gyfer. Gall fod wrth yrru, wrth ryw waith, neu mewn bywyd yn gyffredinol.

145

Dim bw na ba o'i ben e'	Person tawedog. Mae'n anodd i'w gael i gyfarch unrhyw un fel arfer.
Dwmp di damp	Anwastad (wrth sôn am arwynebedd daear gan amlaf).
Ffrils-di-ffrals	Disgrifiad o ddynes sydd wedi gwisgo'n ffansi; 'roedd hi'n ffrils-di-ffrals i gyd'. Hen air am 'ynfytyn' yw 'ffral'.
Ffwl pelt	Yn gyflym iawn e.e. 'roedd yn mynd ffwl pelt ar y moto beic'. (Saesneg: *all out*.)
Gwaith 'wyell	Gwaith gorffenedig sydd heb fawr o grefft iddo. Deillia o'r disgrifiad o'r saer amrwd a ddefnyddiai fwyell i siapio'r coed yn hytrach na'u llunio'n gelfydd gydag offer mwy addas a soffistigedig.
Habit a ffowt	Dygnu arni neu ymdrechu'n daer wrth orchwyl. Fe'i dywedir wrth ddofi ceffyl er enghraifft 'fe ddes i ben ag e' ar ôl tipyn o habit a ffowt.' Mae'n bosib mai llygriad ydyw o'r Saesneg *a bit of a fight*.
Holi ei fola berfedd	Holi'n daer ac yn ddi-ben-draw.
Howld di dag	Sownd iawn. (Saesneg: *secure*.)
Hyd bilgen Amos	Hyd oriau mân y bore.
Hyd 'i gluste	Dweud am rywun yn ei chanol hi. Gall fod hyd 'i gluste mewn dyled, mewn gwaith neu hyd 'i gluste mewn trwbwl.
I gapso'r cwbwl	Yn ben ar y cyfan.

Linc di lonc	Ara' bach, o gam i gam.
Newy' sbon	Enghraifft o ychwanegu gair at yr ansoddair er mwyn gor-bwysleisio, h.y. ceisio dweud mwy newydd na newydd!
Pitsho miwn	Mynd ati o ddifri e.e. wrth fwyta neu weithio. Os oes gorchwyl heb ei dechrau dywedir 'Mae'n bryd pitsho miwn iddi glei!'
Rem-rem	Yr un gân o hyd e.e. 'Gad dy hen rem-rem' h.y. dy rwgnach.
Rhwto miwn	Saesneg: to rub it in.
'Sgidie dala adar	Esgidiau ysgafn. (Saesneg: daps.) Fe'i dywedir braidd yn wawdus ambell waith wrth berson sy'n or-hoff o wisgo'r cyfryw bethau am ei draed.
Shitw pws mew	Enw arall ar gath.
Shwc-shac	Sŵn glybaidd. Gall esgidiau'n llawn dŵr wneud sŵn 'shwc-shac' wrth gerdded ac mae'r ddaear yn 'shwc-shac' pan fo gwartheg yn troedio drwy byllau o ddŵr llonydd.
Stegetsh botsh	Yn wlyb iawn e.e. dillad sydd wedi gwlychu drwyddynt ac yn llawn dŵr. Gall daear fod yn stegetsh botsh yn y gaeaf hefyd.
Symud 'run fer	Dim yn symud cam e.e. 'fe saethais y gwningen a symudodd hi 'run fer o'r fan'.

Talcen slip	Disgrifiad o rywbeth ansafonol neu orchwyl wedi ei chyflawni braidd yn slic heb bwyslais mawr ar y grefft. Gelwir rhigymwr heb fawr o arbenigrwydd wrth drin geiriau yn fardd talcen slip, a gall crefftwr esgeulus wneud gwaith talcen slip.
Weddol bacar	Cymharol orffenedig e.e. wrth weithio. Dywedir yn llawn boddhad pan ddaw'r cynhaeaf gwair i ben 'R'ym ni'n weddol bacar am leni 'to' – h.y. gorchwyl arall wedi dod i ben â'r cynhaeaf yn ddiogel dan do erbyn yr hirlwm.
Whare wic wew	Cyfeirio at natur felltigedig ond digon diniwed mewn plentyn e.e Roedd y plant yn 'whare wic wew yn fwriadol yn y dosbarth er mwyn profi hyder a disgyblaeth y fyfyrwraig i'r eithaf.
Whigil-whagl	Igam-ogam e.e. 'Roedd yn cerdded yn whigil-whagl ar hyd yr heol ar ôl yfed gormod o gwrw.'
Whys stecs drabwd	Wedi chwysu i eithafion. Enghraifft o ddefnyddio dau air er mwyn lliwio'r dweud a gor-ddisgrifio.
Yfflon rhacs/rhacs jibiders	Yn deilchion, bob yn bishyn. Byddai 'yfflon rhacs' yn addas i ddisgrifio dilledyn, a 'rhacs jibiders' am declyn wedi torri'n fân.

Yn benwan walics	Rhywun yn ymddwyn yn hanner call a dwl. Mae cyfuno'r ddau air 'pen' a 'gwan' yn awgrymiad cynnil o gyflwr o wallgofrwydd, ond nid yn y cyswllt hwnnw y caiff ei ddefnyddio ran fynychaf.
Yn ddwl bared/yn ddwl holics	Colli'i ben, hanner call a dwl.
Yn dywyll bitsh	Tywyll iawn. Mwy na thebyg daw o'r Saesneg *pitch dark*.
Yn dywyll post	Yn gweld dim, a hynny oherwydd cyflwr o wylltineb neu gynhyrfiad. Gall creadur droi'n ddwl yn ei ofn a mynd yn 'dywyll post' tra yn y stâd o orffwylledd.
Yn ôr glampyn,	Yn oer iawn e.e. traed yn ôr glampyn.
Yn sych gorcyn	Sych iawn, iawn. Mae'n anodd meddwl am ddim sydd wedi'i ddisbyddu'n fwy o ddŵr na chorcyn. Gall y tir fod yn sych gorcyn yn yr anialwch a gall person sydd bron â thagu ddweud bod ei wddw'n sych gorcyn.
Yn wasod crac	Yn grac iawn, cynddeiriog.
Yn wlyb sopen	Yn wlyb diferol, hyd y croen.

Rhoi'r cel yn trasis
Y Ceffyl

Dywed Dr. Richard Phillips yn ei lyfr *Ar gefn ei Geffyl* mai'r cyfnod o 1890 hyd 1920 oedd 'Oes Aur y Ceffylau', a gwaith oedd cyfraniad mwyaf y ceffylau hyn yn ystod y ddwy ganrif o 1750 i 1950. Yr oeddynt yn hanfodol i ryfela yn 1914-18 ond yng nghanol sir Aberteifi, ar y tir yr oedd y galw mwyaf amdanynt a pharhaodd y galw yn fras hyd at yr Ail Ryfel Byd. Yr oedd tua deuddeg mil ohonynt yn y sir yn 1939.

Magwyd rhai ar gyfer cludo nwyddau yn y trefi mawr a'r gorsafoedd, ac at waith yn y pyllau glo. Erbyn heddiw, manteisia'r Cardi ar y farchnad geffylau i blesera. Yr oedd y ceffyl trwm, y Colier a'r Cobyn yn gyffredin yn yr ardal hon a hawlient flaenoriaeth dros anifeiliaid eraill y fferm. O roi'r cel mewn trasis yr oedd yn un o wasanaethyddion mwyaf defnyddiol a ffyddlonaf dyn.

Geirfa

Ceffyl trwm – y *Clydesdale* neu'r *Shire*. Yr ail oedd y mwyaf poblogaidd o'r ddau; ceffyl nerthol, blewog ei goesau tua 17-18 llaw.

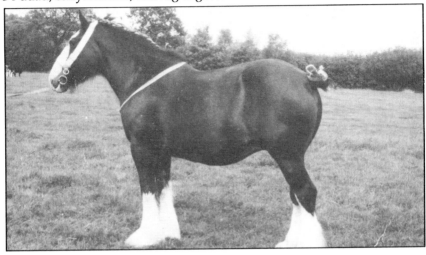

Colier – ceffyl cryf, llai o faint na'r *Shire*, o dan bymtheg llaw. Gwerthwyd llawer o'r ceffylau hyn i'r gweithfeydd glo.

Y Cobyn – y Cobyn Cymreig. Y mwyaf amlochrog o'r bridiau, addas at waith neu farchogaeth, a'r mwyaf cyffredin yn y plwyfi dan sylw, yn enwedig ar dir yr ymylon. Uchder o 14.2 llaw i fyny. Un o'r meirch mwyaf dylanwadol adeg ffurfio a chysoni'r brîd ganrif a hanner yn ôl oedd *True Briton* (ganwyd 1830), eiddo Thomas Jones o Gwrtnewydd. Daeth yn adnabyddus fel 'ceffyl du Twm Masiwn.'

Cel main – defnyddir y term hyd heddiw fel llysenw am geffyl coes-uchel, ysgafn ei gorff o'i gymharu â'r tri math uchod ac o deip y *Thoroughbred*, yr *Hunter*, neu'r *Arab*. Nid yw nodweddion y ceffyl gwaith na chobyn traddodiadol y sir yn perthyn iddo.

Adfarch – march wedi ei sbaddu. (Saesneg: *gelding*.)

Caseg yn gwnad – Caseg yn gofyn march.

Cardie meirch – cerdyn i hysbysu'r cyhoedd am nodweddion a rhagoriaethau'r march. Sacsneg ocddynt gan amlaf, a rhestrwyd y llinach a'r telerau. Gwyddys am un o'r flwyddyn 1779.

Ceinioge neu hanner corone – y cylchoedd o faint y darnau arian a fyddai'n llathru ar gôt ceffyl iraidd, gweddus.

Cefen pysgodyn – disgrifiad o geffyl ag asennau gwastad, h.y. heb gengl yn cylchu'n foddhaol.

Ceffyl blân – lleolid ef o flaen y ceffyl siafft i gynorthwyo'r tynnu.

Ceffyl rhych – o'r ddau geffyl yn tynnu'r aradr, hwn oedd yn cerdded yn y rhych h.y. ar y dde. Y ceffyl 'dan llaw' oedd y llall.

Ceffyl shaft – hwn fyddai rhwng y siafftiau yn y cart neu'r gambo ac ef a ddaliai'r pwysau i gyd.

Cloriau – y chwarteri ôl. Un o ddywediadau yr hen wŷr ceffylau oedd 'apple pen-ôl'. Cyfunid y Gymraeg a'r Saesneg i ddisgrifio chwarteri ôl da ar geffyl.

Dilyn march – yr arfer o drafaelu meirch yn ystod y 'sesn', o Ebrill i Fehefin i gyfebru cesig led led y wlad. Gellid ei olrhain i'r drydedd ganrif ar ddeg. Un o'r cobiau enwocaf a ddeuai i'r ardal hon oedd *Brenin Gwalia* a ddewiswyd i gynrychioli'r brîd yn yr *International Horse Show* yn Llundain yn 1948. Mr David Rees, Bear's Hill, Penuwch oedd ei berchennog, bu'n dilyn march am hanner canrif hyd at 1954.

Ennill pâr o bedole – Ceffyl yn rholio ar ei gefn â'i bedair troed ar 'i fyny – dywedir ei fod yn ennill pâr o bedolau.

Enwau – mae'n syndod mai enwau Saesneg a roddwyd ar y meirch gan amlaf o ddechrau hyd at ganol y ganrif ddiwethaf. Roedd y ceffyl yn bwysicach na'r fuwch, ac adlewyrchid hyn yn urddas dieithr yr enwau – *Flying Comets, Stepping Gamblers, Flyers* a oedd yn rhai poblogaidd. Ar y fferm roedd *Capten, Star, Bowler, Queenie, Darby, Polly* a *Comet* yn enwau cyfarwydd. Cymharer hyn â'r enwau Cymraeg a roddid ar y gwartheg bron yn ddi-eithriad fel *Blacen, Seren, Byrgorn, Malen*, y Fuwch Las a'r Fuwch Froc.

Llaw – yr uned a ddefnyddir i fesur ceffyl. Mae un llaw yn bedair modfedd.

Lliwiau – y lliwiau mwyaf cyffredin yw du, broc *(roan)*, gwinau *(bay)*, melyn *(chestnut)* a choch. Cofier hefyd am y gân werin:

Mae gen i farch <u>glas</u> a hwnnw'n towlu
'Does dim o'i fath yn sir Aberteifi.

Un o'r disgrifiadau mwyaf gwreiddiol yw lliw 'llaeth-a-chwrw' am *Brenin Gwalia* a enwyd uchod. Ceffyl o liw melyn ydoedd gyda blew gwynion yma a thraw yn britho'i gôt. *Piebald* (du a gwyn) neu *skewbald* (coch, neu liw arall, a gwyn) oedd ceffylau'r sipsiwn.

Miss Jones – clymid teclyn wedi ei wisgo â chôt neu sach ar gefn ceffyl wrth ei dorri i mewn am y tro cyntaf er mwyn dal yr awennau a'r *bit* yn dynn. Yr amcan oedd i orfodi'r creadur i ymladd hyd at ildio o flinder. Gelwid y *dummy* hwn ar lafar yn 'Miss Jones' a dywedid am geffyl ifanc, nwyfus a oedd angen ei ddofi, 'Ma' ise rhoi Miss Jones ar 'i gefen e'!

Penllinyn – *Topline* y ceffyl. Mewn march cobyn da dylai'r gwar, (o'r glust i'r ysgwydd) a'r cefn fod yr un hyd – dynoda hyn geffyl cymesur sy'n gwaro'n dda gyda chefn byr, cryf.

Rasys trotian – maent mewn bri drwy'r wlad ar hyn o bryd a phery'r diddordeb lleol. Yn nechrau'r ganrif ddiwethaf yr *Hackney* a'r cobyn Cymreig oedd yn tuthio. Cynhaliwyd rhedegfeydd ar yr heol fawr ger Gorsgoch mor bell yn ôl â 1880 a gelwir tua hanner milltir o'r briffordd yno yn 'Pant Rasis' hyd heddiw.

Rhawn – blew garw y mwng neu'r gynffon – fe'i gwerthid i'r sipsiwn ar dro.

Sioe feirch – cyfeiria at sioe Llambed a gychwynodd yn 1956. Rhoddid premiwm i'r meirch cob gorau ers 1912, ond hwn oedd y tro cyntaf i sioe gael ei chynnal er mwyn dewis y goreuon. Fe'i chynhelid yn ddi-fwlch ers hynny.

Shi/ji back – gorchymyn i fynd i'r dde.

Come hier back – gorchymyn i fynd i'r chwith.

Shwrlen – y twmpath o flew hirion tu ôl i egwydydd ceffyl.

Tocio – yr arfer o dorri cloren y gynffon yn fyr. Yr oedd offer pwrpasol ar gyfer y gwaith, ond mae tocio'n anghyfreithlon ers 1949.

Ffaeleddau ar y Coesau

Ceffyl â'r gorden – *Stringhalts* yn Saesneg. Cwyd y ceffyl un goes ôl yn uwch na'r llall – mae hyn yn amlwg wrth drotian. Mewn sioe, gorfodir ambell geffyl i facio yn ôl a throi'n gwta er mwyn dangos os oes mwy o godiad yn un goes na'r llall.

Sblint – tyfiant gormodol o'r asgwrn yw sblint, yn debyg i sbafin, ond ei fod i'w weld rhwng y benlin a'r carn ar y coesau blaen. Mae'n dwyn yr un enw â'r *splint* a ddefnyddir ym myd meddygaeth i gryfhau asgwrn ac mae'n debyg o ran siâp hefyd, h.y. hir a gwastad. Gellir ei achosi gan ddamwain e.e. pedol un droed yn hitio'r goes arall.

Seidbôn – daw o'r gair Saesneg *sidebone* sy'n cyfeirio at yr esgyrn bach, yn union uwchben y carn pan eu bod yn codi'n rhy blaen. Mae perygl i'r ceffyl gloffi. Ar y traed blaen yn unig ceir y seidbôn a chaiff ei gyfrif yn wendid etifeddol.

Spafin – ceir spafin ar y coesau ôl pan fo tyfiant gormodol tu fewn i'r gar. O ganlyniad, ni orwedda'r asgwrn yn llyfn. Gall fod ar un goes neu ar y ddwy. Os oes spafin ar geffyl fel gydag achos o seidbôn, dywedir bod y 'ceffyl ddim yn sownd'.

Y Cart

Gwnaed y llawr o bren llwyfen gan nad oedd yn hollti wrth gael ergyd; yn hytrach byddai'n tolcio'n unig. Pren deri oedd y bŵl, a gwnaed y spocs a'r cwrbin o bren onnen. Yr oedd chwe chwrbin a deuddeg o spocs i bob olwyn, a gallasai saer gwlad lunio cert mewn pythefnos.

CEFFYL MEWN HARNAIS GAMBO NEU GART

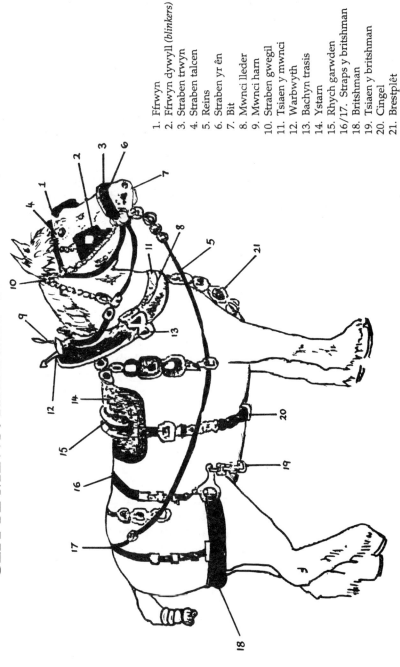

1. Ffrwyn
2. Ffrwyn dywyll (*blinkers*)
3. Straben trwyn
4. Straben talcen
5. Reins
6. Straben yr ên
7. Bit
8. Mwnci lleder
9. Mwnci harn
10. Straben gwegil
11. Tsiaen y mwnci
12. Warbwyth
13. Bachyn trasis
14. Ystarn
15. Rhych garwden
16/17. Straps y britshman
18. Britshman
19. Tsiaen y britshman
20. Cingel
21. Brestplêt

Y CART

A. Bachyn i'r tyrniade
B. Pont
C. Bachyn i'r britshman
Ch. Standard
D. Cist (*body*)
Dd. Seidbord
E. Tincart (y tu ôl)
F. Bŵl
Ff. Cwrbin
G. Bandyn harn
H. Sbôcs
I. Ecsdri
L. *Shaft*

157

Yr Aradr

Er mwyn cysylltu'r aradr i'r ceffylau gosodid y gambren ymryson (tua 5 troedfedd o hyd) wrth y clust, yna dwy gambren fach (tua 3 troedfedd yr un) wrth y gambren ymryson a'u cyplysu ag S. Gelwid y dolenni a oedd yn derbyn yr S ar y cambrenni yn 'brogaod'. Byddai'r ddwy gambren fach, un y tu ôl i bob ceffyl, yn cael eu bachu wrth y trasis a byddai'r clust yn medru symud yn ôl a blaen neu i fyny ac i lawr i reoli'r lled a'r dyfnder.

Agor grwn – wrth aredig, neu wrth ymgymryd ag unrhyw waith o ran hynny, rhennir y cae yn rynnau er hwylustod, h.y. yn ddarnau o faintioli tebyg a symudir ymlaen o rwn i rwn hyd nes cwblhau'r cae. Defnyddir y term 'agor grwn' yn drosiadol am ddechrau gwaith.

Arad yn rhy wannog – aredig yn rhy fas, yn rhy agos i'r wyneb.

Balco – cwysi anghyson eu lled.

Codi cefen – wrth aredig yn ôl a blaen troir y ddwy gwys gyntaf at ei gilydd, sef codi cefn. Lle bo'r ddau rwn yn cwrdd mae'r ddwy gwys olaf yn gorwedd i ffwrdd o'i gilydd ac yn creu 'rhych'.

Mathau o erydr – *Lion, Cwrtnewydd No.1* a *No.2.*, *Dyffryn, Penllwynrhaca, Pontseli*, a *Coedgleision* oedd y rhai amlycaf yng nghanolbarth Ceredigion.

Talar – y tir a redai gyda chlawdd y cae sy'n cael ei aredig lle bydd y ceffyl neu'r tractor yn troi. Pumllath o dalar oedd ei angen ar geffyl a hwn fyddai'r rhan olaf o'r cae i gael ei droi. Dyma darddiad yr ymadrodd 'cyrraedd pentalar' a ddywedir am orffen gwaith neu gwblhau gyrfa.

CEFFYL MEWN HARNAIS ARAD

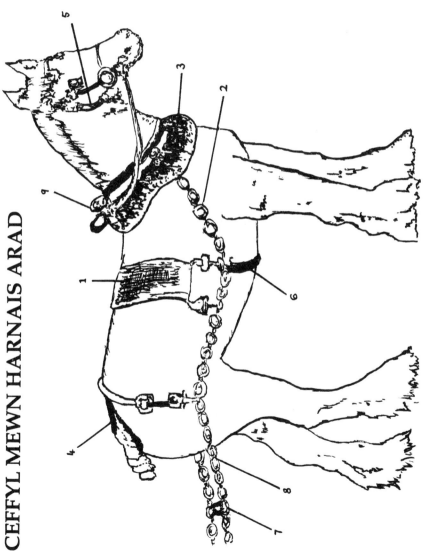

1. Cenraff
2. Trasis
3. Mwnci lleder
4. Crwper
5. Ffrwyn ole
6. Torgain
7. *Spreader*
8. Gwedde hir
9. Mwnci harn

YR ARAD

1. Dwrn neu gorn
2. Amod
3. Cwlltwr
4. Clust
5. Swch
6. Castin troi
7. Harn troil (o'r golwg ar ochr fewnol y castin)

Os ei gweud hi ei gweud hi
Straeon celwydd golau

Nid yr un yw celwydd â chelwydd golau. Seilir y naill ar anwiredd a'r llall ar yr amhosib! Ni pherchir celwyddgi, a buan y cyll ei ffrindiau a ffydd trigolion ei ardal. Mae'r storïwr celwydd golau ar y llaw arall yn aml yn eilun bro a'i air ni wna ddrwg i neb.

Go brin y gall seicolegwyr ddehongli rhaid ei ddweud – efallai bod cyfaredd y cyfarwydd gynt yn dal i gyniwair yn ein bröydd ac yn brigo fel nawfed ton mewn ambell unigolyn sydd yn fwy o ramantydd na'i gyd-feidrolion. Gofynnwyd i un o'r rheiny unwaith, 'Bachan Dafi, pam y'ch chi'n rhaffo celwyddau fel hyn? Pam na ddechreuwch chi ddweud y gwir?' Ei ateb oedd, 'Pe bawn i'n gweud y gwir, Tom bach, pwy a 'nghoeliai i?' Y bodau prin hynny, sy'n loyw eu dychymyg a'u parabl yw cynheiliaid y traddodiad o ddweud celwydd golau. Dyma beth o'u harlwy:

Y diweddar Jacob Davies a groniclodd y stori am y ffermwr hwnnw a soniai am y gaea' oer 'ny 'nôl yn 1884: 'Yr oera mewn hanes a phopeth yn rhewi'n gorn, a dyma 'nhad yn penderfynu mynd i hôl y defaid lawr o'r bryniau, a'r ast fach Ffan i'w ganlyn. Roedd popeth yn gweithio'n iawn ond bod un hen ddafad ddu, farus yn mynd i bobman ond lle dyle hi. Lan a lawr, nôl a mla'n, mewn a mas, ffor-hyn a ffor-co, nes yn y diwedd fe flinodd 'nhad a gweiddi, 'Pinsiad fach iddi gw-gel' ar Ffan. Rhoddodd Ffan hansh siarp ar 'i meingoes hi nes neidiodd yr hen ddafad ddwylath i'r awyr. Roedd hi mor oer ac yn rhewi mor galed yn 1884 nes i'r hen ddafad sefyll lan yn yr awyr – wedi rhewi'n sownd, howld-bi-dag.' 'Ond bachan', mynte'r holwr, 'ry'ch chi'n mynd yn rhy bell nawr. Ble o'dd grafiti na fyse'n ei thynnu i lawr?' 'Mr. Davies, yn 1884 ro'dd grafiti wedi rhewi hefyd' oedd yr ateb!

Gwelodd cymeriad o'r ardal hon ryfeddodau pan oedd mas yn yr Amerig. 'Bois bach, 'o'dd y lleuad yn America yn werth ei gweld, dy'w lleuad sy' ffordd hyn ddim byd i dwtsh â hi, a'r gwenyn wedyn, ro'n nhw'n hedfan byti'r lle fel brain mowr.' 'Shwt gwche o'dd 'da nhw te?', medde rhywun. 'O, cwche bach fel sy' ffor' hyn.' 'Shwt o'n nhw'n mynd miwn te?' 'O, eu bysnes nhw o'dd 'ny!'

Mas yn yr Amerig y gwelodd yr un gŵr y fuwch fwya' erioed. Ro'dd 'da hi ddouddeg teth ac yn gymaint o seis nes bod hi'n hala diwrnod i frân hedfan o un corn i'r llall. Un nosweth, aeth y gŵr i nôl y da i'w godro ac fe ddaethant i gyd ond un. Roedd un ar goll, ac ar ôl chwilio fe ddath o hyd iddi wedi torri fewn i'r cae cabetsh, yn cnoi ei chil wrth gysgodi'n gysurus o dan ryw gabetshen fowr, bron o'r golwg o dan y dail.

Ar ôl dychwelyd i Gymru ro'dd yr un bachan yn sôn am y gabetshen enfawr 'ma wrth hen ffrind a weithiai fel welder ym Mhort Talbot yn y de. Roedd e'n un o hanner cant o ddynion, medde fe, yn weldo boiler mowr. Ro'dd y boiler 'ma mor fowr nes 'doedd dim un ohonynt yng ngolwg y llall ac fe fuon nhw wrthi ddydd a nos am ddwy flynedd, ac eithrio ambell hoe i gael bwyd. Gofynnodd y boi a ddaeth 'nôl o America 'Beth o'ch chi'n neud â boiler mor fowr â 'na?' 'O, berwi'r gabetshen 'na welest ti!'

Mynnodd un arall o'r ardal (na adawodd Gwrtnewydd erioed!) ei fod wedi bod yn gweithio yn East Anglia ar y tato. Gosod tato o'dd e yno. Ro'dd y ca' mor hir, dwy rych o'dd 'na i gyd. Ro'n nhw'n dechre ym mhen un rych a gweitho'i ffordd 'mlân, yna cyrraedd y pen draw a dachre 'nôl o ben y rhych honno. Pan o'n nhw'n cyrraedd nôl ro'dd y bobol yn tynnu tato newydd yn y rhych gynta. Ro'n nhw'n dato anferth, yn fwy o lawer na thato sir Aberteifi. Cafwyd un rhyw flwyddyn nad o'dd gobeth ei chodi, a phenderfynodd y mistir mae dim ond un peth alle fe neud. Cododd siop chips ar ei phwys. Fe fuon nhw'n naddu'r hen daten a gwerthu *chips* ohoni am wthnose! Ro'dd hi dipyn yn wahanol i'r tato bach o'dd ffor' hyn un cynhaea' arbennig o wael. Cwynai un hen ffarmwr bod y 'tato 'ma leni mor fân â phils, a allen i saco 'nwrn i miwn i'r twlle pryfed sydd ynddyn nhw'.

Boi arall yn ffarmo ar lan y môr, yn yr union fan lle'r ro'dd y gwenolied yn dod mewn i'r wlad bob gwanwyn. Ar yr un diwrnod, ac ar yr un amser a'r un lle bob blwyddyn fe âi'n dywyll reit fel 'se clip ar yr houl am hanner awr ar y diwrnod hwnnw. Ro'dd yr ieir yn mynd i glwydo gan feddwl ei bod hi'n nos a gorfu'r fam gynnu'r lampe i barhau â'r gwaith yn y tŷ.

Ro'dd y lle ar ochor y môr â chraig mor serth nes bod rhaid plygu mlân dros yr ochr er mwyn gweld y gwaelod. Un gaeaf, cododd gwynt aruthrol ac a'th y bos â'r gwas mas i nôl y defed i le saff rhag iddyn nhw ga'l eu hwthu bant. Wrth i'r ddau fynd ar eu penlinie 'wedodd y bos wrth y gwas am ofalu peidio agor 'i ben i 'weud dim byd. Gwrandawodd hwnnw ddim, 'gorodd i geg, a wir i chi, fe hwthodd y gwynt dwll yn nhin 'i drowser e'.

Ffarmwr arall yn adrodd ei brofiade â'i ffarm yn agos i gamp R.A.F. Aberporth a'r awyrene'n ymarfer hedfan yn ddansheris o isel dros y clos. Un diwrnod hedfanodd un peilot mor isel nes i big yr awyren godi basged wye'n grwn bant o fraich gwraig y ffarmwr. Cafodd y ffarmwr hefyd drwbwl 'da'r car – y whils blân yn mynnu codi bant o'r llawr o hyd, a'r hyn a ddigwyddodd oedd bod y dyn yn yr orsaf betrol wedi 'neud camgymeriad, ac wedi rhoi petrol eroplêns yn y tanc! Fe a'th adre â'i wraig yn eiste ar y bonet i geisio cadw trwyn y car i lawr.

Dau ffarmwr yn sôn am y storom wynt fwya' ro'n nhw wedi'i weld.

Medde un 'Cododd gwynt un cynhaea ddouddeg sopyn yn grwn o'r ca' ar dop y banc ac fe ddisgynon yn 'r ydlan fel 'se ni wedi'i codi nhw 'na', ac medde'r llall, 'fe dda'th storom o wynt un mis Awst – ro'dd brain o ffarm 'rochor arall i'r cwm wedi dod yn grôs 'co i'r ca' llafur. Da'th cyment o wynt, bu raid iddyn nhw gerdded gatre'.'

A sôn am y tywydd, gall y pethe rhyfedda ddigwydd adeg mellt. Roedd 'na un ffarmwr yng nghyffinie Llanarth gydag anferth o drwyn cam – dywedai mai trawiad gan fellten a wnaeth iddo edrych fel 'na!

Dyn o'r cyffinie hyn fu'n cynghori'r *Russians* pan oe'n nhw'n bwriadu hala ci lan i'r lleuad. Lwcus iddo fynd draw 'na gan iddo weitho mas o'r lle cyfyng o'dd yn y roced fod yn rhaid hala gast fach lan, yn hytrach na chi, am na fydde 'na ddigon o le iddo godi ei gôs!

Ma' campau cadnoid lawn cymaint o ryfeddod â chŵn. Taerai un gŵr o blwy' Llanwenog iddo weld cadno yn cael gwared o'r chwain oddi ar ei gorff. Yn gyntaf cydiodd y madyn mewn twmpath o wlân yn ei geg, yna symud am yn ôl i lawr dros geulan yr afon nes bod ei gynffon a'i goesau ôl yn y dŵr. Yna, yn ara bach, heb sylwi ar y gwyliwr syn, 'ma fe'n symud yn ôl fwy fwy i'r dŵr. Roedd y chwain, wrth gwrs, yn cilio o ffordd y dŵr ac yn symud tuag at ben y cadno wrth i fwy o'i gorff wlychu. Daliai'r twmpath gwlân uwchben y dyfroedd ac wrth i'r chwannen olaf gyrraedd y gwlân sych, â chorff y cadno erbyn hyn wedi'i orchuddio â dŵr ac yn glir o'r pla, gollyngai'r gwlân â'r chwain arno fel ei fod yn rhydd i arnofio i lawr yr afon.

Crwtyn o'r ardal wedi mynd i'r môr a dachre bant yn was bach yn y gegin. Ro'dd y llong mor fawr fel mai ei jobyn cyntaf o'dd mynd rownd y fordydd ar y dec ar gefen beic i gasglu'r mwstard o'dd yn sbâr. Ymhen amser, symudodd ymlaen i weithio fel *head chef* ar long a oedd hyd yn oed yn fwy. Ro'dd yn gorfod iwsio submarine i weld os o'dd y cawl yn barod.

Ro'dd un arall o'r ardal yn gapten llong adeg y rhyfel a gweithiai criw o bedwar deg 'tano – 37 dyn gwyn a thri dyn du. Mewn un brwydr, dal'odd torpedo'r Germans y llong nes iddi foelyd ar ei hochor, ond fe ymladdon i'w cha'l hi nôl lan a thawelodd pethe. Cowntiodd y criw, ac roedd y criw o bedwar deg i gyd yno'n saff, ond methodd yn deg gweld y tri dyn du – cowntio eto a chael pedwar deg. Sylweddolodd wedyn beth o'dd yn bod. Ro'dd y tri dyn du wedi cael cyment o ofan ro'n nhw wedi mynd yn wyn reit!

Ffarmwr ym mhlwy' Llandysilio yn arbenigwr am godi *green crop*. Un haf ro'dd y cymdogion ar y ffôn yn gyson yn gweud bod y moch wedi torri mewn i'r ca' tato ond 'na beth odd 'na oedd y pwmpion mawr o'dd e'n eu tyfu yn edrych fel hychod yn gorwedd ar fola'r clawdd.

Broliai'r un ffarmwr shwt laethwraig dda oedd y fuwch Freisian roedd e newydd ei phrynu, a hynny yn nyddiau'r *Shorthorns* pan fyddai'r Friesian yn bur anghyffredin yn yr ardal. Halodd y wraig i'w godro y bore cynta' ac fe ddaeth honno'n ôl mewn sbel wedi godro tri bwcedaid llawn, a'r lla'th yn parhau i lifo. Fe ddwedodd wrthi i fynd nôl 'to i odro tri arall ac yna'i gadael hi am y diwrnod gan fod hynny'n fwy na digon! Ystyriai cefnogwyr y brîd *Shorthorn* bod llaeth y Friesian braidd yn denau, a dywedodd un o gymdogion y ffarmwr wrtho ei fod e'n cadw un fuwch Friesian er mwyn câl rywbeth i olchi'r bwcedi.'

Gweithiai gŵr arall gyda'r bwrdd dŵr gan osod pibau'r cyflenwad dŵr am filltiroedd o ardal i ardal. Soniai'n ddi-baid am ei filgi – 'y cyflyma 'fuodd ffordd hyn eriôd', – wedi ennill beth wmbredd o rasys lawr yn y 'south'. 'Duw, rhaid i ni weld y milgi 'ma pan fyddwn ni'n dod heibo tŷ chi', o'dd cais y gweithwyr bob dydd, a'r boi yn dal i rico rhagorieithe'r milgi. Beth bynnag nesâi'r gang at y tyddyn, ac un bore pan ro'n nhw o fewn rhyw filltir 'ma Dai'n dod i'r gwaith â'i wep yn 'o hir – ro'dd y milgi'n dost!' Fyl'ny fuodd hi am ddou neu dri diwrnod nes da'th y bois o fewn hanner milltir i'r cartre, ac yna 'ma Dai'n datgan newyddion drwg un bore – ro'dd y milgi wedi trugo!'

Ro'dd un arall o fois y Bwrdd Dŵr wedi cadw nifer o filgwns yn ei amser, ond dim ond un, medde fe o'dd ddim wedi troi mas yn *winner* a hynny dros gyfnod o ddeugen mlynedd. Ro'dd e'n rhy ara i ddim ond teimlai ormod o drueni drosto i'w saethu. 'Shwt y ce'st di wared ohono fe te?' gofynnodd un o'r gang. 'O weda i wrthot ti, ro'dd hynny'n rhwydd reit – rhedeg a'i adel e ar ôl!'

Cadwai'r un dyn fuwch hefyd, a honno'n sgoler! Roedd ond angen rhoi coler wen am 'i phen a byddai'n deall fod *show* i fod. Bydde'n bwrw ger'ed 'i hunan gan ei bod yn gwbod y ffordd, ac enillai bob tro. Adeg y cynhaea' âi i'r tŷ gwair i weld os oedd y gwair wedi dod fewn. Pan ddoi, byddai'n cymryd llond 'i cheg i'w dreial. Unwaith y byddai'n blês fod ogor y gaea'n saff dan do, âi i'r boidi'n streit bob nos yn dawel ei meddwl.

Arferai un hwyaden o'i eiddo helpu'r ieir i groesi'r hewl. Ro'dd hon yn gwbod yr *highway code* ac edrychai i'r dde, i'r chwith ac i'r dde, ac os byddai'n glir, rhoddai un 'cwac-cwac' a chroesi gan arwain yr ieir i'r ochr arall yn ddiogel. Ni chollodd y ffermwr r'un iâr ar yr hewl tra fuodd yr hwyad fyw!

Bachan o'r ardal yn achwyn fod y Saeson yn rhai gwael i weithio iddyn nhw ar y ffermydd. 'Wyddet ti, es i i'r lle hyn ben bore a cha'l dim bwyd drwy'r dydd; dim te deg, dim sôn am neb amser cino, a da'th neb i'r golwg amser te. Wel, erbyn amser swper 'odd crôn 'y mola wedi mynd mor slac nes o'n i'n gallu sychu 'nhrwyn ag e.'

Sôn am gyflymder ei gaseg oedd ffarmwr arall. Dechreuodd fwrw glaw tyrfe ofnadw' yn Llanybydder felly trodd pen y gaseg am adre a chwipio'i thin er mwyn iddi symud. Ro'dd y gawod yn eu dilyn ac yn symud i'r un cyfeiriad â hwy ac ro'dd yr hewl yn morio o ddŵr reit wrth gwt y cart. Aethant mas o Lanybydder a thrwy Drefach a Chwrtnewydd – âi'r gaseg nerth 'i thrâd ryw fodfedd o flân y gawod yr holl ffordd adref. Pan gyrhaeddon nhw ddrws y stabal yn Gorsgoch ro'dd y diferyn cynta' yn disgyn ar wegil y gyrrwr yn y cart. Oni bai am sbîd y gaseg byddent hyd y crôn 'nôl yn Llanybydder.

A sôn am law tyrfe, un diwrnod ro'dd y mistir a'r gwas yn cwmpo swêts ochor yn ochor pan dda'th y gawod dyrfe ryfedda – *cloud burst* mae'n debyg. Dilynai'r gawod y rhych yn gwmws o un pen o'r ca' i'r llall. Ro'dd hi'n bwrw cymaint nes golchwd swêts un rych bant i gyd, a chyn hir ma'r gwas yn ogystal yn cael ei olchi 'da'r llif. Safai'r mistir yn y rhych nesa' yn llewys ei grys yn sych reit. Peth rhyfedda yw glaw tyrfe!

Ceir amrywiade o'r stori ganlynol mewn ambell ardal, ond neidr fowr, 'run hyd â'r trên yn stesion Llanybydder a laddwyd gan bysgotwr o'r ardal hon ar lan yr afon. Trawodd hi'n gelain ag un ergyd gan ffon gollen ond teimlai drueni ei bod yn mynd yn ofer. Aeth ati, â byddin o gymdogion i'w helpu i flingo'r neidir. Ro'dd 'na ddigon o gig i bara blwyddyn. Sychw'd y crôn ar gyfer gweith'o shafts newydd i'r cart a thrasis i'r ceffyl. Fe'u clymwyd yn sownd, ac aethpwyd ati i gowen dom. Llwythwyd y cart a bant â nhw lan bedwar lled ca' i dop y banc, ond pan edrychodd y gyrrwr 'nôl dim ond ceffyl o'dd 'dag e. Ro'dd crôn yr hen neidir wedi toddi yn yr houl ac wedi mystyn mas yr holl ffordd nôl i'r clos lle'r ro'dd y cart yn y domen o hyd. O'dd dim amdani ond gadel y ceffyle lle ro'n nhw, a chario mlân a ryw waith arall. Byti wyth y nosweth 'ny pan oedd y teulu yn y tŷ yn b'yta swper, fe glywon sŵn whîls cart ar y clôs. Roedd y cart yn bwrw lan heibo talcen y tŷ ar hyd hewl y banc nes 'i fod e lan wrth gwt y ddou geffyl. Ro'dd crôn yr hen neidir wedi tynnu ato wrth iddi oeri, ac wedi tynnu'r cart lan y banc ar ei ôl. A fyl'ny fuodd e'n cowen dom yr haf hwnnw!

Ro'dd cwningod yn bla'n yr ardal tua deugain mlynedd yn ôl, a byddai llawer yn g'neud eu bywoliaeth o'u dal. Yn ôl un bachan, y peth ryfedda welodd e' eriôd o'dd claw' arbennig ar un ffarm. Gorfu iddo dynnu chwech o winingod mas o'r twll cyn câl lle i roi'r fferet i mewn. Fe ddal'odd ganno'dd ar ganno'dd a phan ddath y cwbwl mas fe golapsodd y claw' – 'y gwningod chi'n gweld o'dd yn 'i ddala fe lan!'

Gwnaeth cymeriad arall o'r un cyffinie ffortiwn o ddala cwningod. Pan ddaeth fferm dri chan cyfer ar werth talodd amdani gyda'r 'arian gwinigod' o'dd yn digwydd bod ym mhoced ei wasgod. Daliai gymaint o winingod ar un adeg fel bu'n rhaid clymu coese ôl un wrth goese blân y llall, ac felly ymlaen rownd y ca'. Bydde'n eu cadw canno'dd ohonynt fel'ny wedyn, a'u gadael i bori nes bo marchnad ar eu cyfer, yna'u lladd a'u hala bant fel bo'r galw! Bu'r cymeriad hwn yn gweithio ar ffermydd yn Lloegr am chwarter canrif, cyn dychwelyd i sir Aberteifi i weith'o ar yr hewl am ugen mlynedd arall; dreifo *steam-roller* am bymtheg mlyne', cyn graddio'n *foreman*, swydd a ddaliodd am bum mlyne'. Yn dilyn hyn daeth y pla cwningod a bu'n trapo am ddouddeg mlyne' cyn prynu'r ffarm. Pan ofynnid iddo 'Ers faint y'ch chi'n ffarmo John Defi? ei ateb oedd 'Dros ddeg mlyne' ar hugen nawr, ac fe ddois mas o'r ysgol yn bymtheg ôd' Mae hynna'n ei wneud e'n gant dau ddeg dau mlwydd oed!

Cofiai am un damwain ofnadwy a ddigwyddodd yn ystod ei gyfnod ar y *steam-roller*. Ro'dd 'na foi â chefen crwca yn gweitho ar yr hewl, ac un diwrnod fe gwmpodd bant o gwt y lori gownsil a chafodd ei wasgu o dan y *roller* nes ei fod e fel pancwsen. 'A wyddech chi' meddai John Defi ro'dd e'n foi *five foot ten* a chefen crwca, ond pan ddôth e mas, ro'dd e'n *six foot six*. Carion ni e gatre. Roedd e'n fflat fel shiden sinc ac ro'dd ofan ei wraig arnon ni, felly chi'n gwbod beth wnaethon ni?' 'Beth wneloch chi John Defi?' 'Fe hwpon ni fe miwn dan y drŵs.

Mae storïau Eirwyn Pontshân yn enwog ar lafar drwy Gymru gyfan. Yr hanesyn amdano bron yn boddi sydd fywaf cyfarwydd yn lleol. Fe gwmpodd dros bont Llanybydder, ac yn ngeirie'i hunan – 'disgynnes i afon Teifi, a oedd yn llawn i'w glanne o achos y llifogydd'.
'Nawr', wedes i wrth 'yn hunan, 'ma'r byd ar ben. Dyma'i diwedd hi', ond llwyddes i ddal 'yn anal wrth i mi hwylio'n ara' ara' i lawr yr afon. Ymhen tipyn, o'n i bron iawn a cholli'n anal, a bu bron imi roi mewn. 'Ma' rhaid ca'l anal – ma' rhaid mynd mlân o hyd' meddylies. Daeth piben fawr i'r golwg, a dyma fi'n achub ar y cyfle, a 'ma fi drwyddi. Wel, bûm yn cropian ar 'y mhenglinie am filltiroedd lawer trwy'r biben 'ma yn falch 'mod i'n fyw ac yn medru anadlu. Chi'n gwbod lle des i mas – yn y lafatri yn y Cilgwyn, Castell Newydd Emlyn.

Soniai Eirwyn Pontshân lawer gwaith am y cyfell 'ni mas yn yr Affrig, ddaeth ar draws haid o geffyle gwyllt. Cafodd y ceffyle gwyllt ofn wrth ei weld a rhedodd pob un i ffwrdd heblaw am un. Do'dd y ceffyl gwyllt yn methu symud am fod asgwrn 'i gefen wedi torri. Wel nawr, achubwyd bywyd y boi 'ma un tro ac o'dd e'n meddwl mai peth doeth a pheth iawn yn enw cariad fydde trio gwneud tamed bach o ymgeledd i'r ceffyl gwyllt 'ma. Torrodd frigyn bambŵ bant o ryw goeden gerllaw. O'dd cyllell yn 'i boced e, ac fe dorrodd fîn ar y brigyn bambŵ, ac fe'i hwpodd i ben ôl y ceffyl. Yn wyrthiol, mendiodd yr hen geffyl gwyllt. Teimlai o'r newydd gyda'r asgwrn cefen newydd. Ac o'dd y cyfaill yn teimlo'n hapus iawn hefyd am 'i fod e nawr wedi talu'n ôl yn ardderchog, ac wedi gwneud trugaredd gyda'r ceffyl gwyllt.

Wel, fe gerddodd filltiroedd am flynyddoedd yn anialwch Affrica. Yn rhyfedd iawn, ymhen rhyw dair blynedd, da'th e'n ôl i'r un man yn gywir ag y gadawodd e'r ceffyl gwyllt a chafodd fraw o'r hyn a welodd. Ro'dd coeden fawr wedi tyfu mas o benôl y ceffyl nad oedd wedi symud o'r fan. Dyna oedd profiad y cyfell yn Affrica yntefe.

Ro'dd trafeili'r byd yng ngwâd un cymeriad o ochre Dihewyd ac ro'dd wedi gwneud gwyrthie! Bu'n gyfrifol am godi simne i ryw waith dur yn yr Amerig, a gorfu iddo fynd a hi lan ddwy filltir cyn ei châl i dynnu! Daethai'r mwg yn ôl, medde fe pan se'r gwynt yn dod o ryw fan! Am dair blynne' wedi hynny, bu'n un o gant o ddynion a weithiai ddydd a nos yn cwympo coed â bobi *chain-saw* yn y *Sahara Desert*. 'Ond bachan Dafi', medde ryw amheuwr "Sdim co'd yn y *Sahara Desert*.' 'Nag oes nawr,' oedd yr ateb!

Câi nifer y cyfle i weld y byd adeg y rhyfel, a hoffai ambell un a fu'n y Rhyfel Cyntaf 'ei mystyn hi!' Soniai un o ardal Llandysul, amdano'n colli'i esgidiau. Aeth at y *sergeant-major* i gael pâr newydd – atebodd hwnnw'n ddigon sarrug nad oedd yr un pâr ar ôl a'i orchymyn oedd '*Go out and shoot a German and take his boots*'. Tranno'th, roedd e mas byti chwech. 'A wyddech chi bois, gorfod i fi saethu dou ar hugen o'r diawled cyn câl pâr i ffito!'

Byddai cyn-filwr arall yn hoffi rhestru enwau llefydd adnabyddus y byd gan ddatgan iddo fod ymhob un. Diwedd yr ymffrosto bob tro fyddai 'A chi wedi clywed am y Môr Marw siŵr o fod'. 'Odyn, odyn' medde pawb – 'Wel fi lladdodd e'!'

Mae brain yn bla mewn cae llafur adeg hau bob blwyddyn – dygant ganran uchel o'r had. Gwnaeth un ffarmwr fwgan brain mor berffeth o debyg i ryw fenyw salw o'dd yn byw yn yr un ardal, ni fentrodd y brain ddwyn 'run hadyn y flwyddyn 'ny. Yn fwy na hynny, ro'n nhw'n dychwelyd hadau roedden' wedi'u dwyn y flwyddyn cynt!

Gwelodd yr un ffarmwr gannoedd o lygod mowr o gylch seiliau'r helmi yn yr ydlan a rheiny'n dianc o afael ergydion y gwn bob tro. Yr hyn a wnaeth oedd plygu baril y gwn er mwyn iddo allu saethu rownd y tro. Fe'i lladdodd nhw'i gyd mewn un prynhawn!

Byddai ambell ffermwr yn gor-ganmol ei gnwd llafur, ac yn brolio am nifer y sopynnau a ddaethai o gae o faint arbennig. Cynyddai'r cnwd a'r rhyfeddodau o flwyddyn i flwyddyn bron! Honnai un iddo ddanfon y gwas i gywain y sopynnau a chyn bo hir, dyma'r gwas yn dod nôl o'r banc â gambo wag. 'Bachan beth sy'n bod?' medde'r mistir. 'Wel, bos', medde'r gwas 'Ma' gyment o sopynnau yn y ca' rwy'n methu'n deg a cha'l lle i fynd miwn â'r ceffyl a'r gambo drwy'r iet'. 'Wel cer nôl 'to a baca'r gambo nôl i'r iet i godi'r llwyth cynta', a charia mlân o fynny'. Ac fel hynny y buodd hi!

Priodolir y 'celwydd golau' canlynol i Alun Cilie yn ôl y sôn, ond clywid hen was ffarm o Gwrtnewydd yn dweud yr un hanesyn amdano'n cysgu ar y storws uwchben y ceffyle. Ro'dd cynifer o lygod ffyrnig yn siario'r lofft gydag e, do'dd byth angen torri g'winedd bysedd ei drâd – ro'dd y llygod mowr yn eu cadw'n nhw'n grop tra fydde'n cysgu!

Winshin o shiprys
Cymysgedd

Bara clatsh	Bara trwm, toeslyd sydd heb grasu a chodi'n iawn.
Bara toddion	'Bara sâm'. (Saesneg: *fried bread*.)
Bara wan tŵ	Saesneg: *currant-loaf.*
Ble ma' dy wraig di?	Dywedid hyn wrth fachgen a oedd yn dal i fynd i hel calennig pan oedd wedi cyrraedd tua phymtheg oed. Awgryma'r dywediad ei fod yn rhy hen bellach i ymhel â rhywbeth a gysylltid â phlant.
Ble mae'r bais?	Ble mae dy fenyw di?
Blew gwsberis	Caiff ei ddefnyddio mewn dwy ffordd: a) i ddisgrifio blewiach byr ar wyneb bachgen sydd ond yn dechrau cadw barf, neu ddyn sydd heb eillio ers sawl diwrnod; b) yn wawdlyd am dyfiant gwan o wair. Fe'i ddefnyddir i ddilorni'r cnwd a'r dull o ffermio.
Blwyddyn y tair caib	Cyfeirio at 1777 oherwydd ffurf y ffigur 7.
Bore cynta'	Yn fore iawn.
Bwlch Preis	Preis oedd ysgweir plas Bwlchbychan ym mhlwyf Llanwenog. Cadwai gŵn *Harriers* i hela ysgyfarnogod, ac anfonai ei weithwyr i agor bwlch yn y cloddiau a gosod clwydi fel bo'r helfa'n medru tramwyo'n ddi-

ffwdan o un fferm i'r llall. Cyfeiria'r hen bobl atynt yn aml, ac er eu bod yn henebion o'r bedwaredd ganrif ar bymtheg, mae'r olion ar gael o hyd.

Bwrw'i ffrwyth

Gadel te am ychydig i fwrw'i ffrwyth.

Bwyd ambor

Hen air ar 'de-deg', y pryd ysgafn a gafwyd ar ffermydd tua chanol y bore.

Bwyd cwningen

Llysenw gwawdlyd ar *salad*.

Bwyd milgi, gwaith milgi

Ni ddisgwylir i ddyn wneud gwaith trwm ar brydau bwyd ysgafn, h.y. os byw'n fain, fel milgi, yna bydd y gwaith yn cyfateb.

Cadw'n addod

Cadw rhywbeth wrth gefn tan bo'i angen yn y dyfodol. Ystyr geiriadurol y gair 'addod' yw 'trysor'.

Ca' nos neu ca' sgwâr

Llysenwau am wely.

Canu 'Mochyn Du'

Yr oedd yn arferiad gan ambell wraig i ganu tri phennill o'r 'Mochyn Du' ynghyd â'r gytgan i amseru ŵy yn berwi. Cenid pedwar pennill i'w ferwi'n galed!

Canu pen cart

Canu braidd yn aflafar ac afreolus. Deillia o'r canu di-gymell a geid ar adegau pan fyddai hwyl ar y cwmni wrth eu gwaith yn yr awyr agored.

Cap mynd a dod

Cap â phîg nôl a 'mlân fel sy'n gyffredin gan helwyr.

Cat a dog	Hen gêm yn defnyddio dau ddarn o bren. Naddwyd deupen un a fyddai tua chwe modfedd o hyd, a'i adael i gwympo i'r llawr. Wrth iddo adlamu, trewid ef â phren arall a ymdebygai i ffon golff (hwn oedd y *bat*). Byddai hyd a chywirdeb yr ergyd yn cyfri wrth ddyfarnu'r enillydd.
Cawl dŵr	Cawl dyfrllyd, heb lawer o faeth ynddo. Efallai bod gwraig y tŷ yn dlawd, neu'n gybyddlyd â'i bwyd. Defnyddir yr ymadrodd fel priodddull i gyfeirio at rywbeth disylwedd a di-swmp.
Cawl twymo	Dywedir bod cawl sydd wedi ei dwymo'r eilwaith, drannoeth i'r pryd gwreiddiol yn fwy blasus. Gwnâi rhai gwragedd ddigon o gawl i barhau am sawl niwrnod a'i ail-dwymo yn ôl yr angen.
Ceilog a giâr	Y cerrig ar frig wal. Mae'r 'ceilog' ddwywaith uchder yr 'iâr', ac fe'i gosodir am yn ail i greu patrwm, a chreu addurn gorffenedig.
Ceinioca	Yr arfer o fynd o amgylch i hel arian neu nwyddau i gynorthwyo teulu tlawd adeg colled anarferol (e.e. roedd buwch yn trugo yn golled fawr), neu adeg marwolaeth yn y teulu.
Cel main	Beic.
Cic whannen	Digwyddiad dibwys neu rywbeth disylwedd, h.y. cymharu ag ysgafnder cic chwannen nad yw'n werth sôn amdano.

**Clou wrth ei fwyd
clou wrth ei waith**

Awgrym mai'r un yw agwedd person at bopeth – os yw'n frysiog wrth y bwrdd bwyd, yna mae'n fywiog a diwyd wrth ei waith.

Cnapan

Hen enw ar gêm arferid ei chwarae rhwng plwyfolion Llanwenog a Llandysul. Y gamp oedd i gael y bêl, mewn unrhyw fodd, drwy borth eglwys y naill blwyf neu'r llall. Cynhaliwyd y gêm ar y trydydd ar ddeg o Ionawr, y dyddiad arferid dathlu'r Calan cyn newid y calender yn 1752. Câi ei chwarae ar droed, neu ar gefn ceffylau – gellid cael cannoedd o chwaraewyr o ran nifer, ac ni phoenid am reolau o unrhyw fath. Mae'n debyg i'r gêm fod yn gyffredin yn ardal Trefdraeth, Sir Benfro 'slawer dydd hefyd. Fe'i hatgyfodid yno oddeutu 1988 ar raddfa llai corfforol a chreulon nag y bu. Dyma darddiad enw'r ŵyl werin adnabyddus a gynhelir yn flynyddol yn Ffostrasol.

Cola, cola hen frân fach

Dywedir hyn wrth blentyn pan fo'n stwffio'i fwyd yn rhy gyflym ac yn llindagu o ganlyniad. 'Cola' yw'r col (*awns*) sydd ar farlys. Pan fyddai'r frân yn llowcio'r brig yn rhy farus, byddai'n glynu yn y llwnc a byddai hithau'n tagu!

Coleg cnap

Mae hwn yn ateb poblogaidd i'r cwestiwn 'I ba goleg fuest ti?' Golyga dim un coleg o gwbl. Caiff ei ddweud gan berson sy'n cydnabod nad ydynt wedi cael fawr o addysg.

Corlac	Teclyn pren ar ffurf y lythyren T a ddefnyddid i wthio dom neu laid. Defnyddiai'r melinydd gorlac i wthio'r haidd yn y felin – yn aml byddai tawch yr haidd yn codi, ac yn peri iddo deimlo'n benysgafn – hwn yw tarddiad y dywediad 'yn feddw gorlac'.
Cot gwtws fain	Saesneg: *coat and tails*.
Cwdwm tin	Gornest werinol â'i gwreiddiau yng nghyfnod y mabolgampau Brythonig. Eisteddai dau ŵr ar gae fynychaf, â'u dwytroed yn erbyn ei gilydd. Cydiai'r ddau yng nghoes y pigau a thynnu nes codi o'r gwannaf ar ei draed. Chwarae'r cae gwair oedd hwn gan amlaf.
Cwlwm Sais	Cwlwm anghelfydd, anodd ei ddatod. Mae'n cyfeirio at anfedrusrwydd Saeson estron sy'n esgus-ffermio nifer o'n tyddynnod.
Cwrw cwple	Pan godid adeilad traddodiadol â tho llechi, mynnai'r gweithwyr gael casgenaid o gwrw i ddathlu rhoi'r cyplau (Saesneg: *rafters*) yn eu lle. Gelwid y ddiod o'r herwydd yn 'cwrw cwple'.
Cwrw tramps	Y cwrw sy'n dod o'r gasgen.

Cyfri'r Defaid:

Roedd yn arferiad gan hen fugeiliaid ar fencydd a mynyddoedd Cymru gyfri'r defaid mewn dull y credir sy'n perthyn i'r hen Goedeleg Geltaidd – rhyw bum cant i fil o flynyddoedd cyn Crist. Er bod y dull hwn o rifo'n hen dros ben, fe'i ddefnyddid ar foelydd Cymru hyd tua 1850. Llafar- ganai'r bugeiliaid yn gyflym i ryddm wrth gyfri. Amrywiai'r rhifau o ardal i ardal. Isod, ceir fersiwn o ardal Tregroes, plwyf Llandysul. Fe'i cofnodwyd gan Dafydd Dafis, Penlôn (tad y Parch D. Jacob Davies) a ddefnyddiai'r rhifau o un i ugain i gyfri'r ieir hyd ddiwedd ei oes.

1 en	6 sich	11 inde	16 sichde
2 dor	7 soch	12 dorde	17 sochde
3 tar	8 nich	13 tarde	18 nichde
4 cwar	9 noch	14 cwarde	19 nochde
5 cwi	10 de	15 cwirde	20 chwi

Cylch a bachyn

Cylch haearn tua deunaw modfedd ar draws â bachyn tua'r un hyd. Gwnaed y tegan gan y gof lleol er mwyn i'r plant gael chwarae ag ef. Defnyddid y bachyn i wthio neu i rolio'r cylch ar hyd yr heol.

Cylleth sbaddu malwad

Disgrifiad ffraeth o gyllell hollol ddi-awch ac yn werth dim at unrhyw orchwyl.

Cysgu da' Mrs Greenfield

Yn aml, arferai'r tramps a ddeuai o amgylch yr ardal gysgu yn yr awyr agored. Golygai 'cysgu 'da Mrs Greenfield' gysgu mewn cae (ar dir glas). Byddent yn gorfodi buwch i godi ac yna'n gorwedd yn ei gwâl am ei bod yn gynnes! Gwelwyd yr olaf o'r crwydraid yn yr ardal hon tua 1970. Dywedid mai'r tramps a wyddai pwy oedd y bobl orau ymhob ardal; gwyddent ba ffermydd a estynai groeso iddynt, a phwy oedd yn dangos natur garedig at drueiniaid.

Daw bola'n gefen

Annogaeth i blentyn sy'n amlwg yn cael blas ar ei fwyd i barhau i fwyta.

Diferion ar y drain

Nid yw arogl y llwynog yn hawdd i'r cŵn i'w ddilyn pan fo diferion glaw neu wlith yn hongian o'r drain, felly arwydd o helfa wael yn yr arfaeth yw'r drain yn diferu.

**Digon i gwympo dyn
Drewi fel abo**

Cyfeiriad at rywbeth sy'n drewi'n ofnadwy, arogl cas ofnadwy.

Dim tin na phen

Methu â gwneud synnwyr o stori neu sefyllfa.

Diod fain

Diod a wneir o ddanadl poethion sy'n gymharol wan o ran alcohol. Fe'i yfwyd er mwyn torri syched adeg y cynhaeaf gwair yn arbennig.

Diolch yn dalpe

Diolch yn ddi-ben-draw.

Dwgid dafad a dwgid y mynydd a'r defaid

Os ddygai unrhyw un ddafad ers talwm, dywedid y byddai'n cael ei grogi, ond os dygai'r mynydd a'r defaid, byddai'n iawn. Cyfeiria hyn at y ffaith fod ambell dlotyn yn meiddio dwyn o raid. Byddai'r gwŷr mawr yn hawlio tir agored ac yn ei gau i fewn a'i berchnogi fel y mynent. Crogwyd y tlotyn, mawrygwyd ac ofnwyd y 'sgweir.

Dydd Sul du' bach

Y Sul nesaf i'r unfed ar hugain o Ragfyr.

Eli penelin

Llysenw am chwys. Fe'i defnyddir wrth gyfeirio at yr angen i sgwrio neu i lanhau rhywbeth yn y tŷ, h.y. pan fo angen gwaith caled a cholli chwys i gwblhau'r gwaith.

Ergyd carreg

Ymadrodd a ddefnyddir i bwysleisio agosrwydd rhywle

arbennig h.y. mor agos â'r pellter y gellir taflu carreg.

Esgus 'i fod e'n ca'l 'i fara menyn o ffarmo a châl jam ffordd arall

Disgrifiad gwawdus o ffermwr sydd â ffynhonnell incwm ychwanegol. Nid yw'n fawr o ffermwr.

Fe yfen beint â'i din e'n Cei

Disgrifiad am fod yn eithafol o sychedig h.y. dylasai'r gwydraid o ddiod fod yn ddi-derfyn.

Fel bagle brain

Ysgrifen anniben iawn.

Fel pisho gwidw

Ymadrodd a ddefnyddir yn fynych i ddisgrifio diod e.e. te gwan a diflas ei flas.

Fel whithrod

Pan dorrid bara'n dafelli tenau, tenau dywedid eu bod 'fel whithrod o denau'.

Ffaced eithin

Twmpath o frigau eithin a osodid at ei gilydd fel bo'r brig am allan, a'r bonion wedi'u clymu yn y canol. Edrychai'r cyfan fel pêl bigog. Defnyddid y ffaced i rwystro ieir neu ddofednod eraill rhag mynd trwy adwy.

Ffair gyflogi

Ffair calangaeaf ('c'lyngaea' ar lafar) a gynhaliwyd ar y trydydd ar ddeg o Hydref. Rhoddai'r darpar gyflogwr 'ern' (hanner coron neu goron) i'r darpar was neu forwyn. Hwn fyddai'r arwydd o ymrwymiad rhyng-ddynt hyd y dydd cyntaf o wasanaeth.

Ffeiriau

Cynhaliwyd Ffair Wenog ar y pedwerydd ar ddeg o Ionawr a

	chynhaliwyd Ffair St. Silin ar y seithfed o Chwefror.
Fi'n weld e' nawr	Defnyddir yr ymadrodd wrth adrodd hanesyn neu stori er mwyn pwysleisio bod yr hyn a sonnir amdano fel petai'n fyw o flaen y llygaid o hyd.
Gat dy biniwna	Daw 'gat' o'r gair gadael a 'piniwna' o'r gair piniwn. (Saesneg: *opinion*.) Caiff ei ddweud wrth berson sydd byth a hefyd yn cyflwyno syniadau a chynlluniau.
Giwga	Offeryn bach ar ffurf telyn. Byddai'n cael ei ddal rhwng y dannedd a threwid y tafod metel â'r bys i greu sŵn cerddorol. Sonnir amdano mewn llinell o gywydd mor bell yn ôl â 1580. (Saesneg: *Jew's harp*.)
Glaw tyrfe	Llysenw ar *lemonade*. Clywid rhai o'r hen bobl yn archebu glased o 'law tyrfe' i grwtyn mewn tŷ tafarn, neu'n gofyn wrth y tafarnwr am roi 'diferyn bach o law tyrfe' ar ben wisgi.
Glydwer gôd	'Cludwair' yw'r gair cywir. Golyga ydlan goed – man caeëdig a oedd yn agos at y ffermdy. Storiwyd tanwydd a choed at ddefnydd y fferm yno. Cyfeiria D.J. Williams yn 'Storïau'r Tir' at y gludwair goed a fyddai bob amser wrth dalcen tŷ Cilwennau Fowr.
Gwas da, mishtir gwael	Dywediad yn cyfeirio at dân; mae'n gymwynasgar o'i reoli ond gwae ni os caiff yr afael drechaf.

Gwell Cwmrâg slac na Sysneg slic

Os bernir safon Cymraeg rhywun, yr ateb a roddir yw ei fod yn well siarad Cymraeg gweddol na'r Saesneg gorau! Yma â 'Cymraeg' yn 'Cwmrâg' ar lafar a 'Saesneg' i 'Sysneg' – arddull hollol nodweddiadol o'r ardal dan sylw.

Gwilad

Arferiad o gymryd tro am yn ail i aros ddydd a nos wrth erchwyn gwely person a oedd yn wael iawn. Arferid 'gwilad' y corff ar ôl marwolaeth hefyd.

Harn stilo

Haearn smwddio.

Hatling, ffyrlling, dime, ceinog grot, swllt, coron, wheugen

Unedau ariannol (£ s. d.) cyn dyfodiad yr arian degol. (Saesneg: *decimal*) ar y pymthegfed o Chwefror 1971. Roedd deuddeg ceiniog mewn swllt ac ugain swllt mewn punt, dwy hatling mewn ffyrling, dwy ffyrling mewn dimau a dwy ddimau mewn ceiniog. Pedair ceiniog oedd grot a phum swllt oedd coron. Daw 'wheugen' o'r ddau air 'chwech' ac 'ugain' sef 120 o geiniogau neu hanner punt.

Hei-leiff

Byw bywyd o blesera ac oferedd cf. 'joio mas draw'. Eirwyn Pontshân biau'r ymadrodd a dardd o'r Saesneg *high-life*, ond mae'n rhan o Gymraeg llafar y parthau hyn.

Holi bola berfedd

Holi'n ddiddiwedd.

Ired

Cymysgedd o olew, lard, a blacyn ar gyfer iro esgidiau. Fe'i toddid ger y tân er mwyn iro'r esgidiau ar y nos Sadwrn yn barod i fynd i'r cwrdd ar y Sul.

Joien o baco	Pinshaid o dybaco a roddid yn y geg i'w gnoi. Bu'n arferiad cyffredin ymysg gwŷr a gwragedd yn yr amser gynt. Poerai ambell un y joien i 'lygad y tân'. Credai rhai fod y sudd yn llesol i wella clwyf.
Lle i fynnen geinog wrth godi o'r ford	Cyfeirio at ffolineb gor-fwyta. Dylasai pawb godi o'r bwrdd heb ddigoni eu chwant.
Llond gwyniadur	Cyfeirio'n chwerthinllyd at fesur dilornus o fach. Gwyniadur yw *thimble*.
Ma' awr (o gysgu) cyn hanner nos yn well na dwy ar ôl hynny	Anogaeth i rywun noswylio'n gynnar. Yn feddygol, mae anghydweld ynglŷn â chywirdeb y dywediad.
Ma' Morgan ar tân	Cyfeirid at y tegell fel 'Morgan' 'slawer dydd. Os dywedid 'mae Morgan yn canu', roedd gobaith am gwpanaid o de.
Ma' mwy o le mas na sy' miwn	Esgus cellweirus a ddefnyddir ar ôl torri gwynt.
Ma' shwr o fod llathen wrth honna	Stori sydd wedi'i hymestyn, ac yn anodd i'w chredu. Ymyla ar fod yn gelwydd golau.
Ma' tato newy'n golwg	Cyfeirio at wynder sawdl sy'n ymddangos drwy dwll yn yr hosan. Mae'n ffordd wreiddiol o awgrymu ei bod yn bryd cwyro'r sanau.

Mae wedi mellt'o	Cweryl wedi torri allan.
Ma'r fuwch yn hesb	Awgrym cynnil i wraig y tŷ nad oes llaeth ar gael ar y bwrdd bwyd.
Ma's o ddat	Wedi dyddio o ran defnydd neu ffasiwn.
Merch y crydd	Cyfeiria at esgid (a'i gwneuthurwr). Pan fo rhywun 'eisiau merch y crydd', mae 'angen rhoi cic yn ei ben ôl'.
Mesur ddwywaith, torri unwaith	Dywedir mai dyma a wnâ'r saer profiadol h.y. bod yn or-drylwyr. Caiff ei ddweud pan fo rhywun wedi gwneud camgymeriad wrth frysio.
Mynd i waco	Mynd oddi cartref (fel arfer i blesera).
Mynd 'lawr fel sach o dato	Disgyn yn sydyn a thrwm.
Nabydde ni e' ym mhîg y frân	Adnabod rhywbeth neu rywun mewn torf yn unrhyw le.
Nyddo'r tân	Dyma'r term a ddefnyddid am gasglu manlo neu fawn at ei gilydd ar gyfer y nos. Gosodid dau blocyn coed bob ochr i'w gadw ynghyd. Byddai 'rhes' yno fore drannoeth h.y. gwreichion yn y marwydos i ail-gynnu brigau mân. 'Enhuddo' yw'r gair cywir. Yn y gân *Twll bach y Clo* cawn:

A Gwenno arhosodd i nuddw'r
tân glo
A disgwyl am lythyr drwy dwll
bach y clo.

Paid â galw ar dy gino	Dywedir hyn wrth berson sy'n rhoi ochenaid ar ôl stwffio'i fol yn ormodol.
Para byth a phythefnos	Hir-barhaus.
Peidiwch cadw'n ddierth	Cymhelliad i alw draw.
Perthyn o'r nawfed ach	Perthyn o bell. Deillia'r term 'nawfed ach' o gyfreithiau Hywel Dda pan fyddai'r teulu'n cael eu dal yn gyfrifol am dylwyth hyd at y nawfed ach.
Pwy o'dd dy was bach (neu forwn fach) di llyne'	Sylw a gaiff ei daflu at berson sy'n mynnu cael ei dendio'n barhaus gan awgrymu ei fod yn bryd iddo/iddi wneud rywbeth dros ei hun.
Pwysa ar dy gino	Dweud wrth rywun sy'n pwyso arnoch i sefyll ar ei draed ei hun.
Rŵm ford	Yr enw roddid ar yr ystafell fawr yn y ffermdy ble fwytai'r gweision wrth y bwrdd hir. Yn aml câi'r meistr a'r feistres neu'r penteulu 'ford fach' yn ystafell eu hunain.
Rwy'n cofio fel sei'n ddo'	Cofio'n dda, fel pe bai'r achlysur wedi digwydd ddoe.
Sefyll yn stond	Aros yn yr unfan (yn ddramatig o sydyn gan amlaf).
Sêrs ar wmed cawl	Credid nad oedd cawl yn hollol gyflawn a maethlon onid oedd sêr yn nofio ar yr wyneb h.y. y braster yn pefrio'n doreithiog ar wyneb y potes.

Sharabang	Math o fws, gyda nenfwd cynfas a agorid ar dywydd braf. Roedd yn boblogaidd yn y tridegau.
Shime lwfer	Yr enw a roddir ar yr hen simne fawr uwch y lle tân yn yr hen dai. Plethid coed i greu mantell y simne, ac fe'i gorchuddiwyd gan forter calch. Goleddai tuag i fyny ac yr oedd yn ddigon o faint i fedru syllu ar y sêr drwyddi ac i ganiatáu i gesair ddisgyn i'r tân.
Siôn Segur	Teclyn i ddal pellen enfawr o edafedd. Byddai'n cylchdroi er mwyn dirwyn yr edafedd i bellenni bychain a fyddai'n addas ar gyfer eu defnyddio i wau.
Slifer o gwrw	Mesur o gwrw.
Solo twps	Yr enw a roddir ar y gystadleuaeth canu i rai di-brofiad (Saesneg: *novice*.) mewn eisteddfodau bach lleol yn y cylch.
Stwmpyn ffag	Bonyn y sigaret. 'Smoc'o stwmps' fyddai'r weithred o ysmygu'r rhain. (Saesneg: *stump*.)
Sŵn cath fach mewn côs pib	Wrth gynnau'r bib byddai'r ysmygwyr cyfarwydd yn gwrando am sŵn fel mewian cath fach yn dod drwy'r goes. Yr oedd hynny'n arwydd fod y sugn yn foddhaol, a bod smôc bleserus i ddilyn.
Tato pwts	Saesneg: *mashed potatoes*.
Teclyn ceinog a dime	Teclyn o ansawdd gwael h.y. rhad ac ansafonol. Dywedir i ddilorni'r gwrthrych dan sylw.

Tin dros ei ben	Gall olygu person yn gwneud *somersault* neu anifail yn dyblu yn ei werth e.e. Os werthir bustach a dalwyd dau gant amdano am bedwar cant – 'fe a'th din dros 'i ben 'mhen blwyddyn'.
Tiwn rownd	Rhywun yn ail-adrodd yr un hen stori bron hyd syrffed.
Torri bys	Taro rhech.
Torri fel garetshyn	Rhywbeth brau – garetshyn – (Saesneg: *carrot.*)
Troad y dydd	Y diwrnod hwyaf a'r diwrnod byrraf. Roedd y ddau'n bwysig ac arwyddocaol i'r hen bobl. Gelwir y naill yn Alban Hefin (unfed ar hugain o Fehefin) a'r llall yn Alban Arthan (ail ar hugain o Ragfyr). Mae'n debyg mai Iolo Morgannwg a fathodd y gair 'Alban' am bedwar chwarter yr haul.
Trwch o gnou – lot o blant	Dywedir bod cnwd toreithiog ar y cyll yn arwydd o ffrwythlondeb dynol yn ogystal.
Tŷ â styllen	Hen enw gwladaidd ar dŷ tafarn. Cyfeiria at yr ystyllen a ddaliai'r arwydd uwchben y drws mewn tafarn gwledig.
Tŷ to	Yr enw a roddid ar dŷ to gwellt.
Tynnu'i fys mas tynnu'i fys o'i din	Shapo lan – 'Mae'n bryd iddo dynnu'i fys mas' h.y. bwrw ati o ddifri i daclu'r gorchwyl dan sylw a hynny ar fyrder.

Un bâch	Rhoddir y pwyslais ar yr 'a' yn y gair 'bach' er mwyn ei gyferbynnu â maint glasied peint. (Saesneg: *tot* e.e. *tot of whisky*.)
Waun Huws	Cadwai T.H.R. Hughes, perchenog stâd Neuadd Fawr, Llanwnnen gŵn cadno a cheffylau lu. Erbyn i'r ceffylau gyrraedd diwedd eu hoes, byddai'r perchennog yn cadw'r trueiniaid ar weunydd deiliaid y plas yn y plwyfi cyfagos nes bod angen eu lladd i borthi'r cŵn. Mae 'Waun Huws' yn enw cyfarwydd ar nifer o gaeau ffermydd yr ardal hyd heddiw.
Wedi ca'l llond bola	Wedi cael digon, nid bwyd o anghenraid.
'Whare cwato	Chwarae cuddio.
Whys bois yr hewl	Sôn am rywbeth prin iawn gan ddefnyddio'r hen ystrydeb nad ydi gweithwyr y cyngor yn gorchwysu wrth drwsio'r ffyrdd!
Wreiting pen stil	Cyfeithiad o'r Saesneg *copper-plate writing*.
Ŵy addod	Ŵy a adewir ar ôl yn y nyth i dwyllo'r iâr i ddodwy.
Y dwymyn doben	Saesneg: *mumps*.
Y dydd yn 'mystyn cam ceiliog	Arferid dweud fod y dydd yn ymestyn ryw ychydig (cam ceiliog) o'r dydd byrraf hyd y Calan.
Y gymalwst	Saesneg: *gout*.
Y llyfr main	Saesneg: *cheque-book*.

Y sawl a gododd a gollodd ei le

Sylw a gaiff ei wneud pan gwyd person o'i gadair gan roi'r cyfle i rywun arall i gymryd ei le ar amrantiad.

Yn ddigon mawr i alw 'chi' arno

Cyfeiriad at berson neu wrthrych o faintioli anghyffredin.

Jacob ar 'i ore

Rhagorai'r diweddar D. Jacob Davies fel pregethwr, areithydd, digrifwr a bardd – y dyn bach mawr. Byrlymai dawn y cyfarwydd drwyddo, a byddai cyfoeth ei iaith ynghyd â'i hiwmor, a'i ddeifioldeb hefyd ar brydiau, yn ei godi i blith y mawrion ym myd llên a llafar. Yr oedd yn gyfathrebwr heb ei ail. Ef hefyd oedd brenin y dafodiaith sy'n cael sylw yn y gyfrol hon.

Fe'i magwyd yn nyffryn Cerdin, a threiddiodd holl gyfaredd dweud y fro yr ymfalchïai gymaint ynddi i'w waed a'i wead. Ymrodd mewn darlith, digrifwch a dameg fel ei gilydd i'w chadw'n fyw a gadawodd waddol amhrisiadwy ar ei ôl. Yn dilyn, ceir detholiad o'i waith sy'n cyfleu Jacob y dewin geiriau yn ei holl ogoniant.

Stori Fer: Mater o Amser

' . . . Diwcs, mae e'n rhedwr da', meddai'r hen ŵr wrtho'i hunan, 'cystel bob whithryn â fi pan own i'n fugel ar Fanc yr Wstrws. Hy, fi odd y gore o'r bugeilied i gyd am roi hwyl i'r defed ar ôl cawad o law,' medde'r hen Ianto Rees. 'Sobor bach, ma'r blynydde'n mynd fel y gwynt, stopwch-chi nawr, un-ar-ddeg own i pan es i yno . . . tri swllt ar hugen y flwyddyn o'dd 'y nghyflog i, a siwt o frethyn catre' Glangaea' os byddwn i'n fugel digon da i beido colli llwdwn . . . Codi am bedwar o'r gloch yr haf a lan â fi i'r banc gyda'r wawr. Ffwrned o lasdwr ar dorch o wellt ar y ford pan ddown i nôl a Marged Leisa'r Howsen yn torri'r bara barlys barfog yndo fe . . . O'dd dyn yn falch câl mynd i gysgu ar y gwellt yn y gist ar dowlad y boidi a charthen drosto ar ôl diwarnod felna . . . Ro'wn i mor ystwyth â'r faneg fore dranno'th ag yn barod i roi hwyl arall i'r defed. Ond Satan o ddyn o'dd yr hen Sianco'r Wstrws a gwae ni os bydde unrhyw un yn ca'l 'i ddala yn eiste' lawr yn unman ond ar y gledren yn grôs i'r bwlch . . . os eithe ni i gysgu fan 'ny, fe fydden yn cwmpo a dihuno'n go gloi! . . . '

'Megis ddoe yr oedd Mari ei ferch hynaf yn ddim ond cyrnopen fach gron yn 'i gôl, yn wên i gyd ac yntau'n dysgu rhigwm y bysedd iddi . . . Bys Bwtsyn, Twm Swglyn, Long Harris, Jac Dafis, Wil Bach . . . Aeth y Blyfen i folchi, aeth y blyfes i folchi, aeth Harri brawd y gordeddes, es inne 'da nhw; ddaeth y blyfen i'r lan, ddaeth y blyfcs i'r lan, daeth Harri brawd y gordeddes, ddois inne 'da nhw . . . Fuodd hi ddim yn chware'n hir cyn i'r amser ddod iddi fynd at 'i chyflog a chael ei gwerthu gorff ac enaid am seithbunt y flwyddyn i Deio'r Cwm. Hen dwlsen fach o'dd hi'n arfer bod yn llawn cwircs a chamocs i gyd, ond dyw hi byth yn wherthin nawr . . . Be sy'n bod ar bobol, gwedwch, ôs dim amser i ddala pen rheswm 'da neb, ond fe ddaw'r hen fyd â nhw at 'u post.'

D. Jacob Davies
Y Dyddiau Main, Llyfrau'r Dryw (Llandybie, 1967)

Adroddiad Tafodiaith: Yr Adroddwr

Mae'n halibalŵ yn tŷ ni nawr os wthnose, a mae'n wa'th na tŵ-bad fod dyn bach fel fi'n gorffod godde' fel hyn. Wy'm yn gwbod shwt ddachreuodd y peth yn iawn, ond y peth cynta' weles i o'dd Defi John, y crwt 'co, yn whys drabŵd i gyd, yn 'nelu 'i ddwrne a sgegan dop 'i lais ar genol llawr y gegin. 'Howyr bach,' wedes i, 'wyt ti'n mynd i werthu acshon ne' rwbeth?'

'Iste lawr fan'na' wedodd Mari, a golwg sefêr ar i wmed hi, 'wy'n dysgu'r crwt i adrodd. Os yw Salina Jones yn galler ennill medale a chwpane yn y 'Steddfode 'ma, pam na all Defi John ni 'neud 'run peth?' . . . O'dd y fenyw'n eitha reit, ond odd hi 'te? A fel'ny buodd hi, dysgu adrodd o'dd 'co o'r bore bach hyd bilgen amos.

Wel, ta beth, fe ddoith yr amser i ni fynd i'r 'Steddfod gynta', a na'r dwarnod rhyfedda' â'th dros 'y mhen i ariôd. O'dd Mari wedi codi gyda whip y dydd, er mwyn câl digon o amser i folchi a chymennu Defi John, ch'wel. A 'na le buodd hi'n clatshan bwcedi a lwtshan dŵr nes bod y lle i gyd yn smelo fel ffatri sebon sent. Fe ddachreuodd ar 'i gluste fe, a fe rwbiodd rheiny nes bo' nhw'n goch tapar, a'r hen grwt yn buginad a sgyrnigo fel 'se fe'n gandeirog. A phan ddoith e mâs o'r twba golchi, own i jest ffaelu' nabod e! Odd e' ddim hanner y seis odd e' o'r blân, a weles i ddim shwt liw gole leuad ar grwt ariôd. Fe wisgodd e' mewn trowser felfet piws, blowsen wen a macyn coch yn i phoced hi. A'r peth dwetha i gyd, fe dynnodd dwc mâs o gefen i got e, er mwyn iddo fe gal digon o le i anadlu ar y comas. Fe blastrodd i wallt e â sâm gwidde, a fe 'nath gwiff bach pert fel cwt ceiliog bantam ar i dalcen e.

D. Jacob Davies
Hwyl Fawr, Gwasg Gomer (Llandysul, 1964)

Ysgrythur Dafodiaith: Yr Hen Foi a'r Ddou Grwt

O'dd dou grwt gyda rhyw Hen Foi ac fe wedodd y crwt i'enga wrth 'i dad, 'Rwy'n ffed-yp yn y twll hyn, os 'ma ddim leiff o gwbwl. Rwy'i am yr arian sy'n troi i fi er mwyn gallu mynd bant i rywle digon pell. A fe roiodd yr Hen Foi geinog go lew yn 'i boced e', ac wedi iddo baco'i fag, bant ag e' yn 'i gyfer.

Wedi cyrraedd y dre fe gas amser da a digon o gics. Odd e'n hela arian fel dŵr a cha'l hei leiff bob nos. Ond wedi hala pob dime goch fe âth yn fain arno fe a rhyw nosweth ag ynte'n sioncyn jogel a dim bagal tano fe, fe âth i gysgu yng nghanol y bwcedi slops yng nghefen rhyw hen glwb. Pan ddihunodd e', ro'dd e' ar starfo ishe bwyd. A dyna lle buodd e' yn whilo'r bwcedi a'r bins am damed achos o'dd e'n gwbod na chele fe ddim bripsyn gyda neb arall. A fe ddechreuodd feddwl mor ddwl odd e' wedi bod a labrwyr 'i dad yn câl llond 'i bolie ag ynte'n whilo'r bwcedi slops.

Medde fe, 'Rwy'n mynd nôl at yr hen foi, a fe weda i wrtho fe, 'Dad!, grondwch, mae'i wedi mynd yn fflwcs arna'i, a ma' gas gen i mod i wedi dod a shwt ofid i chi. Dwy'i ddim yn ffit i gâl 'y ngalw yn fab i chi ragor ond rwy'n fodlon gweitho fel labrwr i chi – os ca'i ddod nôl gartre.'

Ma' fe'n codi ar i drâd a bwrw mas o gefen yr hen glwb fel bollten. Pan o'dd e'n nesu at 'i gartre fe welodd yr Hen Foi e o bell, ac fe redodd ffwlpelt i gwrdd ag e'. Ro'dd shwt drueni gydag e i weld y crwt a'i bilyn e' mor wael a'i wmed e' mor welw nes ath e' i lefen fel babi a rhoi dwy law am i wddwg e.

Medde'r crwt wrth 'i dad: 'Dad bach, o'dd hi wedi mynd i'r wal arna'i a ma' c'wilydd arna i 'mod i wedi dod â gofid i chi, ond diolch am ga'l dod nôl gartre'.'

Wedodd yr hen foi wrth y gweision, 'Whilwch ddillad glân iddo fe, a thynnwch y slaps sgidie 'na bant o'i drâd e'. G'newch swper ar unwaith a gwedwch wrth bawb fod yr hen grwt rown i'n meddwl fod e' ar goll wedi dod i glawr. Mae e'n fyw a finne'n meddwl fod e' wedi marw.

A 'na chi nosweth o'dd honno!

D. Jacob Davies

Unigedd

O'dd y diwarnod yn hir
rhwng swŵn y botel lâth
a phan âth yr hewl i gysgu.
O'dd e fel cilionen ar ffenest
yn cymryd 'i hamser
i hogi blinder i thrâd
rhwng bob cam.
Alwodd neb ddim.

O'dd hi ddim gwerth cynnu tân
i'r gath a finne,
na chrafu tato
a dim 'u 'whant nhw ar neb.
Fuodd y tegil yn canu
nes i'r gas ddiffodd
wedi llyncu'r geinog
a thagu
Ond alwodd neb ddim.

Fe ddaw rhywun fory, falle,
os na bydd hi'n rhy 'lyb,
neu'n rhy ôr.
Ond os bydd hi'n ffein
fe ddaw rhywun, gwlei,
i weld shwt 'wy'n cadw,
ond heddi,
alwodd neb ddim.

D. Jacob Davies
Y Mynydd Teimladwy, Llyfrau'r Dryw (Llandybïe, 1971)

189

Difrïo

Wedi casglu nifer fawr o eiriau Dyffryn Cerdin, sylweddolais mai diben pennaf geiriau yn y rhan yma o'r byd yw Difrïo. Nid yw'r araith frwmstanaidd hon ond ymgais i gadw yr hen eiriau yma'n fyw at wasanaeth y dyfodol. Fe'u rhoddwyd ar dafod benyw, oherwydd gŵyr pawb am allu y rhyw deg i drin iaith a dynion o bob math.

Hen labwstrin yw Dafi'r crwt hena', ma' shwt shigandod a chomadiwe obiti 'ddo fe. Rhyw hen scwtrych o ffardel bach fuodd e ariod, ac os na fydd e wrth i gwircs a'i gamocs, mae e'n llawn bwrlwcs i gyd, ac yn picaleran a phicawna â phobun. Ro'dd y picil rhyfedda ar 'i fritsh newy' spon e ddo'; wedi bod yn lwtshan i freiche yn yr ocsed, os gwelwch chi'n dda, a wedyn ro'dd 'na gintach a grwgnach a magneitha pan own i'n ceiso'i olchi e. A finne'n teimlo'n 'whip reit wrth yr hen golsyn esgyrnog yn sefyll fanny yn 'lyb stecs diferi, shwc shac drwyddo'i gyd. Finne yn hen glimpen gymercin, yn gorfod fferlincan a rhedeg shigil di donc i gadw'i ddillad e rhag mynd yn rhafls a strifls ac yn rhabode mân.

'Dafi!' wedes i, 'os bydd rhagor o randibŵ fel hyn, fe fyddai'n cydio yn dy fwndac di a rhoi whirell wrth fôn dy glust di. John! mystyn y ierthi 'na i fi ga'l rhoi iorwm iddo fe.' Y crwt penefer – ond gyda 'ny ro'dd e'n seso ar rwbeth arall, ac yn bwrw ati fel cath o dân. A chyn pen dwy eiliad ro'dd 'na garlibwns ryfedda ar y steire a'r noie a'r cawsglise yn dod lawr dwmp damp yn yfflon jibidêrs. 'Does dim tw tw nad yw e wedi godi a'i bluf arno fe. Mae e'n barcutana a chorneito drw'r dydd a weles i'r fath gwsteieth a shirwrw ariod. Yn gwneud dim byd ond dala pen rheswm a lwndo a hwpo a stabaldeinad a bustilad; ar 'i gwrcwd, ar 'i ben, ac os gwedwch chi rwbeth wrtho fe, mae e'n gweld whith a llyncu polyn. Ond ma'n amynedd i yn dachre dibennu ochodin; yr hen grwt yn shinachad pob pilyn roith dyn ar i gefen e – os na cheith e bilba'l wn i ddim beth ddaw o'r hen filatw.

Ond dyna, babi mowr 'i dad yw e, a ma' hwnnw mor ddiffeth 'i ysbryd â malwaden gloff. Fe eisteddith yn sgaram mowr drw'r dydd rhwng y tân a'r pentan, fel hen gŵd y mwg. A ta' fe'n câl llony', man'ny bydde fe â joien o baco yn i shilfoch yn cnoi'i gil a driflo. Ond 'rhoswch chi, os bydd ise gneud rhyw dwt fach arna i, fe fydd wedi mynd yn dil rhwle, a bydd dim adlach amdano, a phopeth wedi adel ar lurw. Does dim llyfeleth gydag e at ddim yw dim – weles i shwt leba lletwith ariod. Llwr 'i gwt mae e'n gneud popeth. Ond tebyg i ddyn fydd i lwdwn a weles i yn 'y myw neb tebycach i hen fenyw 'i fam.

Rhyw bonsen benseld o ladi jentîl yw hi, a ma'r hen soga yn cered lip lap o un tŷ i'r llall i hela clonc. Fe fydde'n shew ichi gweld hi, fel seren bren a jililings a miwglis yn i chluste hi. Allech feddwl bod stât 'da'r shitw pws mew pan bo'in parado a'i gwallt yn ffluwch fel sopyn wedi shwrlo. Ond mynd i weud 'i bola berfedd ag allwys i chŵd yn rhwle mai, allwch fentro. Dyw hi ddim yn fwrdis a fi wrth lwc a bendith, wa'th pan o'dd hi'n dod 'co, dim ond rhyw hen speng â gwên affias o'dd gyda hi.

Rhwng y plentyn gŵr drwg 'na, a'r dyn llipa a'r hen scrabi'i fam rwy'n teimlo'n diharpo bob dydd. Odw wir. Gwbei nawr 'te; cofiwch alw os byddwch chi'n mynd heibio 'to.

D. Jacob Davies
Ar Hyd y Nos, Gwasg Gomer (Llandysul, 1945)

Cinna Gwaer yn Pwllygeletsh
(ger Llandysul)

Fe es i lawr i Pwllygeletsh at y gwaer ddo', a 'na'r lle rhifedda weles i ariod. Ro'dd Twm yn rhedeg rwp rap miwn a mas, fel tarw a bwmbwrth am i liged e, yn gwbod dim byd ble ro'dd e'n mind. A Mari, drian â honno, mor dene a whithrwydd, yn wyllt reit fel giâr wedi dod mas o dan wintell. Weles i'r fath helger ariod o achos tipyn o ginna gwaer. Ro'dd hi'n dachre paratoi cino prinni, a fe dinnodd horob o gig mochin lawr o'r lwfer, a hwnnw mor felin nes bod e'n ddigon i droi ar lasog unrywun. Fe ges i damed ohono fe'r haf dwetha', a fe fues i'n teimlo am wthnose fel pe byse mil o ddreinogod, a'i trâd nhw wedi rhewi yn whare meri-go-rownd yn y nghylla' i. O'dd paratoians wedi bod 'na y nosweth cinni, meddw nhw, ond ro'n nhw man a man a Shanco wedin. Rhiw wili wâd o ddin yw Twm; wn i ar y ddeiar beth gas e find i ffarmo – wa'th mai e fel pistill miwn stên bith oddiarni. Bachan dan wap yw e gida Mari.

Fe fidde'n shew i chi weld y lliged scrafell odd hi'n dowli arno fe ddo', pan ath e i shafo cin bo'r dinion yn dod. O'dd 'i lliged hi mor fain â phinewid a mor sharp â'r fadfall; o'dd dim ond 'i gweld nhw yn hela whis ôr i lawr 'i sein 'y nghefen i. Y dwymin 'waer o'dd wedi cidio yn y ddoi – wa'th o'dd y tewi wedi bod mor scarllad drw'r haf. Er mwyn gwella tipin ar bethe, fe wedes i, 'Fe wellith y prinhawn ma, wedi'r hoil a'r gwint gwrdd â'i gili'. Os do fe te, fe edrichodd Mari arnai, a fe roiodd ergid â'r rhawlerch i'r cwrci, a fuodd hwnnw'n buginad wedin. O'dd e'n gwbod dim ble rodd e, yn gwingad a rhedeg a hercan fel ceffil â'r gorden ne ddafad â'r garglwm. Ma' popeth yn gorffod bod yn garcis pan fydd y gwaer lawr yn Pwllygeletsh.

Wir miwn biti hanner awr, fe ddoith y gwas mowr miwn yn whis drabŵd, i weid bod hi'n bwrw glaw tyrfe. A'th Mari'n whip reit, a fe gwmpodd yn gwden ar y sciw; a'th Twm i'r gegin gefen fel bwrfwch; es inne 'shag adre, wa'th o'dd 'da fi ddim amser i whilibawan fanni drw'r prinhawn.

D. Jacob Davies
Noson Lawen, Gwasg Gomer (Llandysul, 1944)

Cau pen y mwdwl

Wrth gau'r iet ar ydlan yr ymadroddion, byddai'n hyfryd meddwl mai gweithred ddianghenraid oedd cribinio'r dywediadau. Ni fyddai angen casgliad o gwbl pe daliai trigolion canol Ceredigion i ynganu'r hyn sy'n gynwysiedig yma o ddydd i ddydd. Mil gwell ymhen treigl amser fyddai clywed yr hyn a groniclwyd ym mlwyddyn gyntaf y trydydd milflwydd yn cyfareddu iaith lafar y Cardi yn hytrach na'i weld yn addurn anghofiedig rhwng dau glawr llyfr yn Sain Ffagan

Chwi hen eiriau a ymdreiglodd
Atom drwy'r canrifoedd hir.
Gwae ein hoes os yw heb enau
I'ch ynganu'n glir.

Boed i'n hymateb i her bardd Rhos Helyg gydio'n dân eithin ar dafod leferydd.

Cofied

Gwnaed

Parhaed.

Llyfryddiaeth

Davies, Cledlyn, *Chwedlau ac Odlau* (Llandysul, 1963)

Davies, D.R. a Z.S Cledlyn, *Hanes Plwyf Llanwenog* (Aberystwyth, 1939)

Davies, D. Jacob, *Ar Hyd y Nos* (Llandysul, 1942)

Davies, D. Jacob, *Hwyl Fawr* (Llandysul, 1964)

Davies, D. Jacob, *Y Dyddiau Main* (Llandybïe, 1967)

Davies, D. Jacob, *Y Mynydd Teimladwy* (Llandybïe, 1971)

Davies, D. Jacob, *Yr Hen Foi*

Davies, D. Jacob a Jack H., *Noson Lawen* (Llandysul, 1944)

Davies, Wynne, *The Welsh Cob* (Hong Kong, 1998)

Emrys, Dewi, *Wedi Storom* (Llandysul, 1965)

Evans, Donald, *Asgwrn Cefen* (Llandysul, 1997)

Hopkins, B.T., *Rhos Helyg a Cherddi Eraill* (Aberystwyth, 1976)

Howells, Erwyd, *Dim Ond Pen Gair (Cambrian News*, 1991)

Jones, Alun J., *Cerddi Alun Cilie* (Abertawe, 1946)

Jones, Christine a Thorne, David, *Dyfed: Blas ar ei Thafodieithoedd* (Llandysul, 1992)

Jones, David, *Yr Arloeswr* (Caerdydd, 1946)

Jones, David (Isfoel), *Cerddi Isfoel* (Llandysul, 1958)

Jones, Dic, *Agor Grwn* (Abertawe, 1960)

Jones, Dic, *Cynhaeaf* (Lerpwl, 1976)

Jones, Dic, *Sgubo'r Storws* (Llandysul, 1986)

Jones, Fred, *Hunangofiant Gwas Ffarm* (Abertawe, 1977)

Jones, Gerallt (Gol.), *Awen Ysgafn y Cilie* (Llandysul, 1976)

Jones, Jon Meirion, *Teulu'r Cilie* (Llandysul, 1999)

Jones, Mary, *Ddoe* (Llandysul, 1981)

Lewis, W.J., *Ceredigion: Atlas Hanesyddol* (Aberystwyth, 1956)

Morgan, D., Derwenydd, *Difyrrwr y Dorf* (Pencader, 1923)

Morgan, D.J., *Pant a Bryn* (Llandysul, 1953)

Parry, R. Williams, *Cerddi'r Gaeaf* (Dinbych, 1952)

Phillips, Llywelyn, *Cywain* (Llandysul, 1986)

Phillips, Richard, *Ar Gefn ei Geffyl* (Llandysul, 1969)

Pigion o'r Rhaglen Radio, *Penigamp* (Tal-y-bont, 1971)

Pontshân, Eirwyn, *Hyfryd Iawn* (Tal-y-bont, 1973)

Pontshân, Eirwyn, *Twyll Dyn* (Tal-y-bont, 1982)

Rees, D. Emrys, *Cymdogion* (Llandysul, 1962)

Rees, John Roderick, *Cerddi John Roderick Rees* (Llandysul, 1984)

Thomas, R.J. (Gol), *Geiriadur Prifysgol Cymru* (Caerdydd, 1950)

Williams, D.J., *Storïau'r Tir*